世间安得双全法　　不负如来不负卿

六世达赖 仓央嘉措 的 情与诗

世间最美的情郎

著者 ·············· 王臣

THE MOST ROMANTIC VALENTINE　Tshang yang Gya tsho

云南出版集团公司
云南人民出版社

那一天，
我闭目在经殿香雾中，
蓦然听见，你颂经中的真言。

那一月，
我摇动所有的转经筒，
不为超度，只为触摸你的指尖。

那一年，
我磕长头匍匐在山路，
不为觐见，只为贴着你的温暖。

那一世，
我转山转水转佛塔啊，
不为修来生，只为途中与你相见。

——《信徒》

第一最好不相见，如此便可不相恋。

第二最好不相知，如此便可不相思。

第三最好不相伴，如此便可不相欠。

第四最好不相惜，如此便可不相忆。

第五最好不相爱，如此便可不相弃。

第六最好不相对，如此便可不相会。

第七最好不相误，如此便可不相负。

第八最好不相许，如此便可不相续。

第九最好不相依，如此便可不相偎。

第十最好不相遇，如此便可不相聚。

但曾相见便相知，相见何如不见时。

安得与君相诀绝，免教生死作相思。

———《十戒诗》

你见，或者不见我，
我就在那里，
不悲，不喜。

你念，或者不念我，
情就在那里，
不来，不去。

你爱，或者不爱我，
爱就在那里，
不增，不减。

你跟，或者不跟我，
我的手就在那里，
不弃，不离。

来我怀里，或者，
让我住进你的心里，
默然，相爱，
寂静，欢喜。

——《班扎古鲁白玛的沉默》

在看得见你的地方，我的眼睛和你在一起。

在看不见你的地方，我的心和你在一起。

——《在看得见你的地方》

寂静。无常。幻灭。　　　　大爱。生死。一念。

目录

序言

不负如来不负卿

一首诗。一段往事。

一个人。一生传奇。

仓央嘉措。这四个字里所蕴涵的情是情非足以迷倒众生。他清氲雅静、爱赏风流，又才华横溢、充满智慧，能洞穿世事轻浮，将一个"爱"字清清透透地握在手心穿行在人间流转的尘埃里度过了一生。他的爱，是大爱。于是，他生来就注定要成就传奇。

十多年前，从朱哲琴的音乐专辑《央金玛》里流广开来的一首《信徒》大约是众人印象里最深刻的"仓央嘉措情诗"。它清雅。它俊丽。它婉转婀娜。它朗朗上口。它是浪漫到骨子里的一首诗。令人不能不爱。于是因着它，仓央嘉措的名被广知。其人其事，其内心爱喜亦被人揣测不已。

于是，他的人生在三百多年后的人间充满了新的不可思议之顽艳。

也正因为这样，仓央嘉措便成为了藏传佛教史上最被后人珍爱的上师。自然，也是充满了争议。这样的氛围之下，仓央嘉措流传下来的情诗便一再被人拿来读、念、解、忆。最终，便有了这样的一群人，在烟光弥漫的人间以一种隐蔽的方式凝聚了起来。他们成为仓央嘉措最好的拥趸、最虔诚的信徒。

只要仓央嘉措这个名字存在，因它而起的共振鸣响就在。任何内心有温柔感的人，只要遇知他，便定然不能解脱。他是追随者们的精神归宿，是他们心中盛开的不朽莲花。

只是这一些执信当中有一些误念。这一些误念，鲁莽却又温柔美丽。从仓央嘉措无故失踪生死不明的那一个生末事件开始，他就注定在民间会有一个被百姓编撰出的超越历史之上更为绮丽的人生。那一些口耳相传的轶事甚至带着冲撞历史的嫌疑，但依旧令人听闻时，沉醉其中，乐此不疲。

本身，有关仓央嘉措的史料阙如始终。他一生，犹如悬在半空。其生平几近是一部无字之书。但我执信，三百多年前，端坐在布达拉宫里的他，定然是了悟人间一切虚妄荒芜的。

仓央嘉措是活佛。他的智慧让他与众生显得有区别。他生来便肩负着某一种度化的责任。在人间逶巡一遭，自有笑纳百川之胸怀。溘然西去，见尘世温柔黎民把他的人生编织得流光溢彩，想必也是慈善不语，没有二话的。这即是他。内心清坦无垠，有一片蔚蓝天，有一片碧绿海。

仓央嘉措的一生是一座迷雾森林。若有的轮廓，似无的内设。能够确证的事件不过二三，就连死亡的年岁、方式，也是众口不一。现有的史料少之又少，再过多年，可以理清的线索势必更加微少。

虽然写作这本书的时候，我依旧坚持尊重历史并依据上师真实的生平线索的原则来写，在泛黄的史册之间，抽丝剥茧，理出一个尽可能连贯的生平线索，再根据现有史料所载的事实谨慎地进行一个尽可能细致的修复。但，即便如此，要想还原仓央嘉措一个毫厘不差的人生怕是没有可能了。

因此，既然那个真的他已几不可知，不如将仓央嘉措佛之本源放在心里拜，然后再放开你我局促庸常的心，来做一回干干脆脆自顾自的嗜爱人。读他的诗，写只属于你我的关于他的事。

如此，佛家人心念的、膜拜的，是一个他。

人们讲述的、传承的、恋慕的。

以及，此刻我执念要写的。

是另一个他。

王　臣
二〇一〇年六月

此身似历茫茫海

01 ｜信徒：爱喜·盛世恋

佛。

西藏。

布达拉。

仓央嘉措。

只这几个字就好。看一眼，便觉有风流无限。有一些人，初见时分，便可以知道是令己身愉悦欢喜的。有一些事，匆匆而过也能印刻入心。有一些地方，去或不去，到与不到，并无区别。因为它是属于内心的，是要长久瞻仰的，是摹在灵魂深处如水墨长卷氤氲不息的。

清圣之地渐稀的今时，西藏成为许多都市人内心一块不可复制的静净归处。总是想要去一回，见一回天之蓝、云之洁、山水之绿。于是，他们会开始通过各种途径去了解、去探识。于是，我也开始读许多关于西藏的书。

有一日，在一册泛黄的书里翻到一页写藏传佛教的字。细细读下，记住的不单只有佛家往事，更有他，足踏莲花，飘入心底。犹如彼岸之菡的，仓央嘉措。这一念，便再没能忘记，再不愿忘记，再不舍忘记。时间酝积久了，因着他的缘故，去西藏竟成了心底的一桩心事。总想着，要去一回西藏，瞻一眼布达拉，悼念一回他。如此，才能将一些顽执心意，放下。

总有一些人，一些事，一些情意盘旋心底，指引你我做出一些温柔的事。比如，我在写他。比如，你将再一次读到他。而此刻连接你我的缘之源在三百多年前的青藏高原上。在布达拉宫里。在那一页史书中清简深邃的四个字：仓央嘉措。

仓央嘉措是个谜。于是，更令人痴往。离得越是远，就越觉得彼此之间有无限绚烂风光。此一刻，手边握着的是莲花生大士所著的那一本《西藏度亡经》。原名叫做《中阴得度》。

人在离世后，投生前，要经历一个名为"中阴"的阶段。中阴就是人在离世之后，尚未投生之前这个阶段。为解亡灵"中阴险难"怖象，乃至证入不生不灭的法身境界或得报身佛果，以了生死轮回之苦，至少亦可得到上品的化生或转生，免去落入三恶道的果报。不知彼时，仓央嘉措圆寂后，是否有人于日照光明之处为他超度，诵念此本经文。

此刻。在这潮湿深夜，来写他，心里有些微忐忑。怕这周身气场不够周正、不够明光。自然，他的禅心不是我等凡俗子弟可以了悟透彻书写到位的。不过，无碍。我不过只是想要在他匿迹的凡尘里循着净土气息，写出一个许与本源差之略微，却是你我心中最想要看到的，仓央嘉措的前世今生。

曾虑多情损梵行，入山又恐别倾城。
世间安得双全法，不负如来不负卿。

是如此美，如此真，如此光明落拓。不惧。不讳。不遮。不掩。
内心所有娟秀感触俱表无遗。那是他生命当中最隐秘却着实是最令
人心动的，短暂却璨然的人间烟火。

读罢这一首诗，沿着这一句"不负如来不负卿"，开始，往前，
再往前。在那若有似无的线索里，缓慢移步，直至刹那之间发觉已
在布达拉宫日光殿前。于是，我看到一切都豁然开朗起来。布达拉
宫，日光殿。他的一生也终于有了一个被铭刻的理由，被追忆的入口，
被讲述的源头。

从这一刻起，我将开始的不只是笔墨的单薄叙述。更是你我，
通过文字与时光深处静默端然的他，似水长流温柔不休的一段盛世
之恋。

无论何时。
无论何地。
他都在那里。

02 | 密教：因果·传承史

他，是他的转生。

他，是他的前世。

写六世达赖喇嘛仓央嘉措，势必要从他的上一世五世达赖喇嘛洛桑嘉措开始写起。从五世达赖喇嘛洛桑嘉措到六世达赖喇嘛仓央嘉措，中间所隔的，不只是生命轮转的刹那交接，更有五世达赖喇嘛洛桑嘉措从生到死的恢弘一世。那当中的功勋、修行，是他为他的来生——六世达赖喇嘛仓央嘉措，积下的福报。

写洛桑嘉措，也势必要写那个乱世，写深蕴广达智慧的藏传佛教。所有的一切都需要理出一个线索来。一点一点循序，然后蔓延到仓央嘉措这一世的舛错流离。

藏传佛教的形成和发展，历经了十分漫长、崎岖和艰苦的路途。斗争。颠覆。倾轧。交融。统一。这一路，遍生荆棘，异常险阻。

藏传佛教，又称为喇嘛教，与汉传佛教、南传佛教并称佛教三大体系。藏传佛教是以大乘佛教为主，其下又可分成密教与显教传承。后来，藏传佛教各大派普遍信奉教法中的密宗传承，所以藏传佛教有时也被直接称作密教。藏传佛教与汉传佛教起源发展壮大的一脉相承相比，有十分明显的不同。藏传佛教更为错综复杂。

在古代西藏，僧众普遍行奉土著宗教"苯教"。它的盛行远远早于密教的传入。苯教，原本是古代西藏藏王治理西藏的工具，但却导致后来信封苯教的大臣借苯教教义来凌驾于藏王之上，成为争权夺利的器具。于是，后来的藏王赤松德赞为巩固藏王之权、铲除异己大臣，从古印度迎请来道高僧寂护和莲花生，建立桑耶寺和僧团组织。将古印度佛教引进西藏，作为打击苯教势力的工具。于是，佛教在西藏得到弘扬。

佛教入藏之后，与西藏苯教经历了一个长达几个世纪的斗争。古印度佛教从 8 世纪中叶入藏之后到 10 世纪后半期才正式形成了独具西藏特色的喇嘛教。并于 13 世纪中开始流传于蒙古地区。此后的三百多年间，藏传佛教在不断发展的过程当中又因不同师承、不同修持教授、所据不同经典和对经典的不同理解等佛教内部因素和不同地域、不同施主等教外因素而形成了各具特色的众多派别。

从 11 世纪开始，各种支派陆续形成。到 15 世纪初格鲁派的形成，藏传佛教的派别分支才算最终定型。当时的派别主要有宁玛派（红教）、噶当派、萨迦派（花教）、噶举派（白教）等前期四大派和后期的格鲁派（黄教）等。格鲁派认为其教理源于噶当派，又称新噶当派，于是噶当派后来便被并入日益壮大的格鲁派而不单独存在。

1402 年，格鲁派创建人宗喀巴大师完成论著《菩提道次第广论》，

1406 年又完成论著《密宗道次第广论》。此两本论著的诞生为格鲁派的创立奠定了强有力的理论基础。1409 年，正月，宗喀巴大师在帕木竹巴地方政权支持下于拉萨大昭寺首次举行祈愿大法会，并于同年拉萨东北兴建甘丹寺，且亲自任住持。这一系列活动标志着格鲁派正式形成。

诚然。格鲁派的形成与当时统治西藏的帕木竹巴政权的支持有着十分重大的关联。若是宗喀巴大师不能在适当的时机寻得援持，大约格鲁派的出现也不会是如此一般温静自然的局面。写至这一处，深觉有必要再将西藏历史上地方政权的发展演变做一次清简的梳理。

公元 7 世纪初，松赞干布建立吐蕃王朝，迁都逻些（今西藏拉萨），降服苏毗，征服羊同，逐步统一西藏高原。877 年，吐蕃王朝覆灭，西藏开始进入分裂割据的时代。这一时期，也正是密教在西藏发展的"前弘期"。吐蕃王朝的覆灭也就标志着密教发展"前弘期"的结束。

藏传佛教在西藏的发展大致可以分为两个历史阶段。也就是所谓的"前弘期"与"后弘期"。西藏分裂混战的初期，也导致了佛教在西藏长达一百多年的沉寂。到 11 世纪的时候，古印度尊者阿底峡入藏，开始大力进行又一轮的佛法弘扬，于此，藏传佛教的发展方才进入了"后弘期"。

这一时期。西藏地区政治上是各自为政，佛教传播却得到一个大程度的发展，各个教派陆续产生，藏传佛教也取代了苯教，成为了主导西藏的宗教。直到 20 世纪，萨迦政权排除万难统一了西藏，并带领西藏进入了一个政教合一的新的统治时代。

萨迦政权之后，统治西藏的是帕竹政权。帕竹政权是噶举派政权，所以也被称作帕竹噶举政权。格鲁派虽得帕竹政权援持，但在帕竹政权覆灭之后上台的同样是噶举派政权的仁蚌巴政权的统治下，开始大肆打压格鲁派。从1498年开始禁止格鲁派"三大寺"（色拉寺、甘丹寺、哲蚌寺）的僧人参加"传昭大法会"。并且，在之后的二十余年里，传昭大法会因此都由拉萨附近的噶举派和萨迦派僧人所主持。

　　不过根据史料，仁蚌巴政权打压格鲁派的起因是1479年仁蚌巴在拉萨建立的一个噶举派寺院数度遭受格鲁派寺僧的拆毁。于是，后来仁蚌巴决定派兵讨伐，占领了拉萨等地，然后开始打压格鲁派。

　　到1565年，仁蚌巴原手下官员辛厦巴才丹多杰起兵造反，先后占据了帕日等地。并仅仅在一年之后，辛厦巴才丹多杰的势力就几乎覆盖了整个西藏地区，他也因此自称为"藏巴加波"。"加波"在藏语当中即是国王的意思。由此，西藏开始进入了"藏巴政权"的统治时期。

　　到17世纪初的时候，在青海、蒙古一带，格鲁派已经发展成为主导宗教，但是在西藏地区，依然是噶举派占据优势。并且，噶举派在藏巴政权的支持之下，继续对格鲁派采取仇视、压迫、摧残的措施，致使格鲁派的生存环境十分艰险。

　　甚至，在格鲁派四世达赖喇嘛云丹嘉措圆寂之后，藏巴汗竟下令禁止格鲁派僧众寻找活佛的转世灵童。彼时，恰逢藏巴汗体衰之年，长时间卧病在榻。因为藏巴汗常年伙同噶举派打压格鲁派，于是藏巴汗便认定自己的病变是四世达赖喇嘛云丹嘉措施法诅咒所致，于是断然禁止灵童的寻找，这激起了格鲁派上层高僧的严重不满。纵然众僧愤懑不已，却到底无计可施。

此时，幸得四世班禅洛桑却吉坚赞出手，才衔续了活佛转世的传承系统。关于藏传佛教格鲁派的达赖、班禅两大系统，有一些话有说明的必要。

达赖、班禅是藏传佛教格鲁派的两大地位最高的系统。在西藏佛教界认为，达赖是"欣然僧佛"即观世音菩萨的化身；班禅是"月巴墨佛"即无量光佛的化身。历代达赖和班禅是互为师徒的关系。这便使得两个系统互相制约，也互相补充。在格鲁派甘丹颇章政权建立之后，达赖、班禅两大系统分别统领前后藏地区，另有章嘉呼图克图、哲布尊丹巴呼图克图两大活佛系统分别管理内蒙古和外蒙古地区，共同维持着格鲁派的稳定统治。

那一回。洛桑却吉坚赞见藏巴汗禁止格鲁派僧众寻找灵童后，却不计较藏巴汗残害黄教僧众之恶行，依旧使尽毕生所学之医术，治愈了藏巴汗的痼疾。面对宅心仁厚、医术卓绝的活佛，藏巴汗心有动容。后来，藏巴汗为表示感激之心，便说应允洛桑却吉坚赞的任一请求。于是，四世班禅洛桑却吉坚赞便请求藏巴汗同意格鲁派僧众寻找四世达赖喇嘛云丹嘉措的转世灵童。

在藏巴汗并不情愿的应允之后，寻找活佛转世灵童的格鲁派高僧在洛桑却吉坚赞的主持之下，选中了山南琼结诞下的洛桑嘉措，为四世达赖的转世灵童。

这一年，是公元 1617 年。

03 ｜如来：前生·今世缘

那个年代是乱世。

是属于洛桑嘉措的乱世。

且看时光，簌簌往回，垂落在三百多年前。

公元 1682 年。布达拉宫。日光殿。五世达赖喇嘛洛桑嘉措，独自立在栏前，看日出彤霞在天边染花。人到了生命之灯将枯时是有预感的。他是活佛，自有其对生死分明的知悟力。大限将至，他怎会不知。那日，他就那么凝睇不可至的天际。心中盈满一湾寂静无波的水。

而他这一生的过往，在这一日，如潮水般溯回。让他在这温煦的清晨看清了自己的来路。也将因此知道，自己要去的路，要宿归的尘土。然后，静心以待。好一帧极淡极雅极圣洁的画面。

公元 1616 年。藏历第十绕迥火龙年。四世达赖云丹嘉措去世，终年二十八岁。云丹嘉措去世之后，依据藏传佛教传统，开始寻活佛下一世的转生灵童。

公元 1617 年。藏历第十绕迥火蛇年。九月二十三日，天生异象。西藏琼结青瓦达孜地区。青瓦达孜宫，即琼结宗堡之内。前藏世袭贵族琼结巴家族被誉为"猫眼宝石中的九眼珠"的奇女子贡嘎拉则在丈夫霍尔·顿都热丹的陪伴下，历经十月怀胎之苦终于诞下一名男婴，取名：贡嘎米居多嘉旺格嘉布。男婴生来便天庭饱满地阁方圆，满面荣光。他的出生，给琼巴家族带来了无限福祉。

在五世达赖喇嘛洛桑嘉措的自传里，他这样描述自己出生前后的奇异之事：

"日沃德庆寺的然坚巴桑杰嘉措是我家日常供养的上师，他在笔记中写道：在临近投胎之时，有一个自称为香灯师的僧人带来一尊大悲天王的铜像。有人问他这是什么像，他回答说是拉萨大昭寺的五位天成像（十一面观音像）。

在临近分娩时，（母亲）梦见铜像往窗外爬，由于身形高大，十分吃力。一个艳装佳人挽住他的手，轻而易举地拉出窗外。据说，当时龙王庙内有一种未曾见过的花开放，寝殿顶上虹光缤纷，一些没有规矩的山下人将寨堡团团围住，无云的晴空中降下雨点，非亲眼目睹很难相信会出现这种奇观。一旦亲临其境，他们会认为同时在那里有隐居的恪守律仪的非凡的人去世或者诞生或者得了道果。"

孩子诞下之后，霍尔顿都热丹一颗未定的心并未因此落静。在妻子孕期，霍尔顿都热丹曾私下寻访上师，为孩子作法，便得知孩子灵光外泄，心体非凡。果然，他——贡嘎米居多嘉旺格嘉布出生不久，在四世班禅洛桑却吉的主持下，寻找转世灵童的高僧在藏北的热振寺，文殊菩萨佛像前，以陈设糌粑丸抽签的方式，认定他为四世达赖喇嘛云丹嘉措之转生灵童。

公元 1622 年。六岁的五世达赖喇嘛洛桑嘉措被三大寺僧众迎请至哲蚌寺；开始习佛行修。

洛桑嘉措先后拜四世班禅额尔德尼洛桑却吉坚赞与乃萨瓦·贡布索朗巧丹、昆顿·班觉伦珠、查仓·洛巧多吉、第达（掘藏师）林巴等高僧为师。他在各大派上师的带领下渐次学习藏文文法、正字法等。读书，写字，聆听和研习佛教典籍及其释论，接受了十分清慧良好的教育。

三百多年前，好一个纷然乱世。却也凝烟庆幸。毕竟，还有他在。五世达赖喇嘛——阿旺·洛桑嘉措。从小，洛桑嘉措便显露出过人之慧。是，他不是凡人，他是举世无双的活佛。一切都是生世注定的。不容置疑。

于是，此一刻。且让你我，感他智慧潺溪，静穆有终。
心念，如是如来。

04 | 领袖：乱世·度众生

有一些人生来便是带着使命的。
逡巡人世苦疾，普度众生极乐。

公元 1622 年，洛桑嘉措以四世达赖喇嘛转生灵童的身份被迎请至哲蚌寺。入寺之后，洛桑嘉措追随四世班禅洛桑却吉坚赞。公元 1625 年。洛桑嘉措八岁。正式拜四世班禅洛桑却吉坚赞为师，受沙弥戒。公元 1627 年。洛桑嘉措十岁。洛桑嘉措受比丘戒。正式成为活佛。于此，他的生路也才正式地生衍出遒劲非凡、无可替代的轨迹。带着时光往前轰轰烈烈而去，只为一心一意无穷佛。

洛桑嘉措在哲蚌寺接受教育的这一段时期里，藏巴汗政权和其他各派依然对格鲁派持续进行迫害。1630 年，藏巴政权利用地方势力内讧之机对格鲁派进行了一次严重打击，甚至迫使年仅十三岁的洛桑嘉措离开拉萨去往西藏的山南地区避难。并且此后不久，蒙古喀尔喀部的却图汗、藏巴政权的藏巴汗和康衢的白利土司结成了联盟，立誓一定要彻底消灭格鲁派。在颠沛流离中，早慧的洛桑嘉措便意识到独立的政治地位对于格鲁派存亡的重要性。

公元 1636 年。洛桑嘉措十九岁，正是意气风发的好年华。这一年他就任了哲蚌寺、色拉寺两寺的住持。也正是从洛桑嘉措开始，历代达赖喇嘛都将成为这两座寺院的住持，并且这个职位除活佛之外别人再不能担任。

为了改变格鲁派长期遭迫害的状态，洛桑嘉措于 1641 年和他的师父四世班禅洛桑却吉坚赞商议决定，利用藏巴汗政权同蒙古和硕特部之间的矛盾，派人去青海与和硕特部的首领顾实汗谈判。以借和硕特部大军的强大实力彻底推翻藏巴汗政权，从而开创出一个属于格鲁派的新政治局面。

果然，当和硕特大军一到，便迅即将三股反对格鲁派的敌对势力消灭殆尽，并且帮助格鲁派建立了以五世达赖喇嘛洛桑嘉措为首的甘丹颇章政权。并且，和硕特部与格鲁派的信仰正式结盟。这一年是公元 1642 年。

藏区之内，洛桑嘉措带领格鲁派信众在开辟新天地。藏区之外，亦是一场云雨更迭，改朝换代。在甘丹颇章政权建立之前的 1639 年，藏历第十一饶迥土兔年，清太宗皇太极称帝，改国号为"大清"。

据《清实录》记载，是年十月，皇太极派遣以察汉喇嘛为首的一批人去往西藏，带信给当时掌管西藏地方政权的藏巴汗和"掌佛法大喇嘛"，说"朕不忍古来经典泯灭不传，故特遣使延致高僧，宣扬佛教，利益众生"。表明了慕名聘请之意，也明确地表达了清朝想在藏区之外发扬佛教的愿望。这是为后来洛桑嘉措的进京提供十分良好的铺垫。

同时，和硕特部落见明朝式微，皇太极完完全全取而代之也是指日可待，便有意投靠清政府。于是，和硕特便联系五世达赖和四世班禅暗自派遣使者去盛京，"自人迹不至之区，经仇敌治国，阅数年"，历经艰险，方才于公元1142年十月抵达当时清朝之都盛京，也就是现今的辽宁省沈阳市。

当时，清太宗皇太极得到西藏使团要前来朝见的消息，亲自率领众臣前往怀远门给西藏使团接风洗尘。并率众拜天，行了三跪九叩的大礼。不但如此，皇太极还为了纪念这一次藏传佛教使团的来访，特地在盛京修建了第一座黄教寺庙"实胜寺"。使者们在盛京留至次年才回藏。此时，正值格鲁派甘丹颇章政权建立，于是在使团临行之前，皇太极还委托使者致书给洛桑嘉措，并赠与大量礼品。

"金刚达赖喇嘛。今承喇嘛有拯济终生之念，欲兴扶佛法，遣使通书，朕心甚悦，兹特恭候安吉。凡所欲言，俱令察干格隆、巴喇衮噶尔格隆、喇克巴格隆、诺木齐格隆、诺莫干格隆、萨木谭格隆、衮格垂尔扎尔格隆等口悉。外附奉金碗一、银盆二、银茶桶二、玛瑙杯一、水晶杯二、玉杯六、玉壶一、镀金甲二、玲珑撒袋二、雕鞍二、金镶玉带一、镀金银带一、玲珑刀二、锦缎四，特以侑缄。"

后来，顺治皇帝即位，他因循皇太极的政策，再次召请五世达赖和四世班禅进京。但此时，洛桑嘉措对清廷的态度却发生了微妙的变化。洛桑嘉措深知获得新王朝的扶持的重要性，但也知清廷急于安抚稳定西藏地区对于清廷彻底完成统一大业的重要，于是他对待清廷的笼络和召请并不急于回应，以保持自己的威仪。但顺治皇帝如是再三，并不罢休。

于是，公元 1652 年，洛桑嘉措与四世班禅洛桑却吉坚赞商洽之后深觉恰当时机已到，便决定应诏入京。在与当时担任西藏摄政大臣第巴一职的索朗绕登讨论之后他定下了入京方案。

公元 1652 年春。因四世班禅年事已高不能随行，洛桑嘉措独自率领一个约三千人的庞大使团离开西藏踏上了入京之路。顺治皇帝得知此消息之后，大喜，并当即决定洛桑嘉措使团此行的所有费用均由国库拨付。直到当年十二月十六日，洛桑嘉措一行人方才抵达了盛京。一年之后，洛桑嘉措才返藏。

在洛桑嘉措一行人行至内蒙古且未离开代噶地方之前，顺治皇帝派人赶赴代噶地方，颁给了洛桑嘉措一枚有满汉蒙藏四种文字的金册金印，且正式册封洛桑嘉措为"西天大善自在佛所领天下释教普通瓦赤喇旦达赖喇嘛"。自此，"达赖喇嘛"的封号被正式确定下来。此后，历世达赖都必须经过"中央政府"册封遂成定制。待洛桑嘉措抵藏之后，他用清政府所赠银两建造了十三座寺院，也渐渐规范了格鲁派的各种礼仪制度。

洛桑嘉措的这一次外交活动，使甘丹颇章政权获得了清政府的援持，也促进了其政权的巩固。在布达拉宫的司西平措大殿里一套记载着五世达赖喇嘛洛桑嘉措一生活动的唐卡当中，便有一帧纪念顺治皇帝与洛桑嘉措会晤场面的图景。令人赞叹。

除却以上事迹，洛桑嘉措一生当中最重要的作为大约便是重修布达拉宫了。布达拉宫始建于公元 631 年，藏历铁兔年。当时的吐蕃王朝第三十三代赞普松赞干布迁都拉萨，为迎接大唐文成公主"乃为公主筑一城以夸后世"。

因宫殿富丽绝伦，僧众将其喻为第二殊境"普陀山"——观世音菩萨所居之岛。于是得名"布达拉"。"布达拉"，是梵语音译，即意为"普陀罗"或"普陀"。从五世达赖喇嘛洛桑嘉措开始，布达拉宫成为了历世达赖喇嘛的冬宫。也因此它成为了西藏政教合一的统治中心。

相传在松赞干布时期，布达拉宫筑有边长五百米的肃穆高墙，红山之上殿宇多达一千座。可惜在公元 7 世纪至 8 世纪，布达拉宫先后遭遇了火灾和雷击，众多宫殿都因此倒塌。到公元 9 世纪吐蕃王朝覆灭之后，连年战乱致使布达拉宫几成废墟。陷入了无人问津的尴尬之中。

直到甘丹颇章政权建立之后的公元 1645 年，五世达赖喇嘛洛桑嘉措与和硕特部首领顾实汗悉心沟通之后，决定重修布达拉宫，重现布达拉宫旧日之光。不久，在第巴索朗绕登的监工之下，着手开始修建布达拉宫的"白宫"部分。至洛桑嘉措入京朝圣返藏后的 1653 年，"白宫"修建顺利竣工。

布达拉宫，雄踞西藏拉萨的红山之巅。是藏传佛教的圣殿。矗立在青藏高原上，如同古老图腾，为西藏后世子民提供着最清圣的福佑。它壮丽，庄严，无可替代。带着一种亘古不朽的沧桑质感，任岁月金戈铁马，年华迁变。

五世达赖喇嘛洛桑嘉措拥有强大的个人意志和卓绝的才能智慧。他为发扬光大格鲁派、建立甘丹颇章政权耗尽毕生所有精元，不遗余力。他在世时，在西藏地区格鲁派寺院已经发展到三千四百七十七座，格鲁派僧侣人数亦已超过三十万人。

晚年，洛桑嘉措潜心著书立说。撰写出的主要作品包括《西藏王臣记》《菩提道次第论讲义》和《引导大悲次第论》等。而他所有的论著在藏传佛教界里流传甚广，并且大多被公认为佛教经典。因此，在西藏宗教文化史上，洛桑嘉措享有极高的声望。

于是，你我都应知道，五世达赖喇嘛阿旺·洛桑嘉措，无疑是藏传佛教史上功勋显赫的活佛，是西藏最伟大的政教领袖之一。

05 | 乐土：梦回·往生诀

公元 1682 年。藏历第十一饶迥水狗年。

这一年在史册当中是寂静的、安谧的、阒无声息的。

世事轮回，都在暗地里静好。倏尔，已过春秋。人却不知。

是年，五世达赖喇嘛洛桑嘉措六十六岁。昔日的风华少年已至耄耋之年。一生蹉跎，不过只是换得这临终一刻的稳实安静。他着一身褐红袈裟，袈裟领边、袖口微露黄色夹袄。然后斜卧在榻上，看日光一寸一寸移至足下，溜出榻尾，心里好生清定。猛然，他忆起前一日夜里，做的那个梦。

梦里头。尘光郁阴。他听到召唤，要他向西，腾云离去。他心中自知，这是到了时候，该卸下这肉身，归于尘土了。

洛桑嘉措将诸事凝算于心，包括哪一方有生，哪一方有死。这一日，他将他的爱徒，已经担任摄政大臣第五任第巴之职的仲麦巴·桑杰嘉措唤至榻前。洛桑嘉措心知，唯有眼下灵慧的桑杰嘉措才能担当他去后维护西藏统一和稳定的重任。他从桑杰嘉措的瞳中，看到了他期遇一生的明光。

公元1653年，清顺治十年，藏历第十一饶迥水蛇年。桑杰嘉措出生于拉萨大贵族仲麦巴的家中。他是第二任第巴仲麦巴·陈列嘉错（1660～1668在位）之侄。得叔父庇荫，桑杰嘉措八岁即入布达拉宫，师从五世达赖喇嘛洛桑嘉措学习。学习佛典，旁及梵文、诗学、文学、史学、医方、历算诸科，遍览群书。他亦是西藏的著名学者，其著作包含《布达拉宫志》《六世达赖传》《五世达赖诗笺》《医方明仙人喜宴》《浦派历书白琉璃》等。

在桑杰嘉措二十三岁那一年，时任第巴一职的洛桑图道辞职，洛桑嘉措便直接指定桑杰嘉措为接任第巴的人选。

第巴，西藏语sde-pa的音译，为清初西藏地方政府总持政务最高官员之名称。又译作，第司。任期为三年。自格鲁派甘丹颇章政权建立之后至桑杰嘉措为之，担任第巴一职的人先后有：第一任第巴索朗绕登，第二任第巴桑杰嘉措的叔父陈列嘉错，第三任第巴洛桑图道，第四任第巴洛桑金巴，以及第五任第巴桑杰嘉措。

在桑杰嘉措正式担任第巴之前，洛桑嘉措曾两度指定桑杰嘉措继任。第一次，即是桑杰嘉措二十三岁那一年。但因为长期在宫中生活，对宫中局势十分了解，在谨慎分析之后，桑杰嘉措以自己"年纪尚轻，阅历不够"为由，婉拒了这一任命。甚至亲荐了旁人即洛桑金巴代替自己继任第巴。

第二次，是在洛桑金巴三年任期满了之后，洛桑嘉措再次任命桑杰嘉措继任第巴，虽然桑杰嘉措再次推诿，但这一次洛桑嘉措没有妥协，他直接颁发了文告，并且将文告公布于众。他甚至在文告中说"桑杰嘉措与达赖喇嘛无异"。为树立第巴威望，洛桑嘉措又以按手印的方式使众人听命于第巴。他对桑杰嘉措的爱赞之心十分明显。至此，桑杰嘉措方才走上执政西藏的道路。这一年是公元1679年，清圣祖康熙十八年，藏历第十一饶迥土头羊年。

三年之后。洛桑嘉措形神渐枯，自知即将圆寂，便将最后的遗愿一一袒露与桑杰嘉措。那一次临终的倾吐，是这情同父子的两人之间最为热烈最为深挚最为坦诚的倾谈。

这一日，桑杰嘉措立在五世达赖的身侧，立在落日的温婉余晖里，沉默不语。他端凝着慈善如父的洛桑嘉措。那浓密的眉，那深邃的眸，那庄重的身廓，一切都与年岁一同刻进了桑杰嘉措的身体里。有一些人之间的羁绊是将穿越时间、轮回、生死，经历几生几世亦不能消匿的。比如，他与他。

洛桑嘉措活了一世，到最后他所能交付予桑杰嘉措的，已不止箴言几句。他要桑杰嘉措担负起的，是一个群族一方水土的安稳。而这，也势必将成为桑杰嘉措奋斗一生的事业。西藏这块土地，格鲁派的运途，都将融进他的生命当中，同生同死。

遵照洛桑嘉措的指示，桑杰嘉措有三件事情需要竭尽毕生的力气去做。第一件，是尚未全部修建完毕的布达拉宫建筑工程，他需要继续努力，将布达拉宫修缮至完好。

第二件，是自从格鲁派借和硕特部的武力推翻旧政权建立新政权之后，和硕特部便入藏扎下了根，并开始干涉西藏政权的事宜，丝毫没有退让的意向。在这长达四十年的时间里，格鲁派与和硕特部的矛盾慢慢开始激化。洛桑嘉措一直采取各种措施，包括西藏摄政大臣第巴的任免，来削弱和限制和硕特部在西藏的政治影响。于是，此刻桑杰嘉措需要依照洛桑嘉措的政治思路，继续在削弱和限制和硕特部的问题上作出努力。

第三件，是洛桑嘉措深知自己圆寂之后寻找灵童的困难险阻。他知道，和硕特部一定会趁机千方百计阻挠。于是洛桑嘉措叮嘱桑杰嘉措，自己死后桑杰嘉措可以隐匿实情、密不发丧，以此方才可以继续以五世达赖之名行事，堵人口舌。灵童也要暗中寻找、培养，等恰当时机，再将他引入世人视线里，承续大业。

语毕，五世达赖侧身向桑杰嘉措看过去。只见他微微颔首，却泫颤不已。时辰已到，桑杰嘉措知道，这一日的光照将要暗去。正如他知，达赖若父，可这一合眼，怕是再无相望的机会了。若可以，他一定好想再唤一声这照予他暖的榻上人。是日，五世达赖喇嘛洛桑嘉措，圆寂。

他去时，青藏高原之上，日月暗淡，尘埃嚣乱。
每一寸泥土都发出窸窣声响。刹那，又沉默不语。
于是便知，白云苍狗，生死无异。

叹他于此总茫茫

06 ｜源起：门隅·清圣地

家乡的山谷谧静安适，太阳的光芒欢乐相聚。
祝愿相聚，永不分离；如若分离，愿再相聚。

家乡的雪山谧静安适，雪山的白狮欢乐相聚。
祝愿相聚，永不分离；如若分离，愿再相聚。

家乡的村寨谧静安适，我们的亲友欢乐相聚。
祝愿相聚，永不分离；如若分离，愿再相聚。

　　西藏的藏南地区有一处地方，叫门隅。这是一块圣美之地。门隅，藏语里又称"白隅吉姆邦"，意为隐藏着的一块美丽处女地。相传门隅是金刚女神多吉帕姆的化身。面对苍穹，仰卧于一朵盛开的莲花之上，身化成门隅大地。这里，民风淳朴，人情热烈。人人都能歌善舞。于是，时光辗转，亦不能阻隔那一首首荡气回肠的加鲁情歌和豪烈畅爽的萨玛酒歌在这片土地之上自由穿行，万世传承。

门隅地区，是门巴族人的主要聚居地。门巴人大多信奉宁玛派，也就是教规中允许结婚生子的红教。包括他和她。仓央嘉措的父亲，敦厚的扎西丹增，和仓央嘉措的母亲，善美的次拉旺姆。他们，住在清贫的派嘎村落。

　　扎西丹增。一个苦命的男子。自幼，他的父母便重病在榻，于是从少年时，他便开始终日劳作为父母赚取医药的费用，从无半句怨言。在那一间旧损不堪的小屋里，他与父母相依，茕茕生活多年。他半生操劳不休，却心似深广大海，处处可见明媚。这样一个敦厚朴实内心光明的人。无论在哪里，总是令人爱赞的。

　　不料，这样蹉跎多年，转眼已至而立年岁。他素来无心儿女情长，只因他深知，老父老母才是自己的根底所在。只要他们在世一日，他便不能有一日私心。他要将他们放在一切私欲之上，去悉心照料，来积福积报。

　　命之长短，如日之朝暮，是必然的轮回。是宿命。于是，当扎西丹增的双亲溘然而逝时，他心里是一场大痛。只是这一痛，也痛得他增长了智慧。他开始明白，自己的父母一生心善，即便是离开人世，也定会喜登极乐。于是，内心终渐豁然。

　　能最终做到这样面对死亡静定不乱的人，绝少。这个平日里看着憨实内敛的男子，此一刻是如此担当，令众人刮目相看。扎西丹增其实也知道，真正意义上属于他的生活至此方才开始。并毋庸置疑地带着伤感的意味。

　　与次拉旺姆的相识是命定的，扎西丹增执信。次拉旺姆是罕有的好女子，淑贤美丽。村落里的青年男子无一不想与她靠得再近些。

只是次拉旺姆平日里清冷，也就鲜有人敢贸然去接近。而那些男子在她的眼里，再深情也入不了心。

人与人之间的相识相知，以至相爱。所需要的不单只有深情厚谊，还要那擦肩再回首的玄之又玄的美丽。

其实在正式相识之前，已经有人向次拉旺姆提起过扎西丹增。但却是三言两语地说村落里有这样一个敦厚纯良仿若璞玉的男子，全凭一颗洁净清坦的心生活，并且无欲无求。彼时，次拉旺姆正是情窦初开的好年纪，没有人知道，那次不经意间的听闻，她再也不能将这素未谋面的男子忘掉。她记得，他叫扎西丹增。

有人注定擦肩。但他们却是要厮守一生，纵百转千回，也是要聚在一起的。那一日，次拉旺姆听闻扎西丹增的双亲去世，便暗自随前去吊唁的人们向他靠近。其实她也不确定心性内敛的自己是如何下定决心做出这样的事情的。只是知道，那一刻，她身体里突然有一股无法自持的力量，驱使她前往他的家里。

大约是天公作美，觉得时辰到了。隔着几生几世，她也该回到他的身边了，即便用直接甚至突兀的方式。就好似几生几世之前，他们在拉萨街头擦肩又回首的那些杳渺往事。她不能留他在这茫茫高原之上伶仃一人。

到了扎西丹增的家门口时，次拉旺姆看见他家的门前已聚集了三三两两前来慰问的人。在门隅这个叫派嘎的小村落里，人人心意纯善。他一人落难，众人送暖。青藏高原的这青天碧山之间，就是生活着这样一群素朴相依的人。那是她，第一次见到他。

也果真是命中注定的一双人。隔着三三两两的人，就那么远远一见。彼此心里便有了暖，仿佛之前的独自的多年都是为了此一刻的相见。即便彼时他对她尚一无所知，但只那眼神一交会，所有的深情便都能渗进心里。他们能读得懂彼此之间那旁人不能理解的遥远交会。

能够在千万人海相遇，已是不可思议。若再能与之相伴一生，那真是几生几世修来的福气。次拉旺姆与扎西丹增大约是前生积下了太多的福报，所以这一世，受到眷顾。

> 安宫花白圣洁，
> 不如酥油似雪。
> 酥油似雪犹香，
> 不如姑娘高尚。

> 杜鹃花红火烈，
> 不如萃如似血。
> 萃如似血犹盛，
> 不如姑娘赤诚。

安宫花在门巴语，是一种清淡素白的野花。而萃如在门巴语当中说的则是一种用树根制成的红色颜料，十分鲜艳。这是门隅地区流传很广的民间古典情歌。想必他们在一起的那些年，扎西丹增一定曾反复对她吟唱过这支歌。用门巴男子特有那种仿佛可以洞穿红尘世事的嘹亮嗓音。

相传扎西丹增还有一个性情凶恶的姐姐，在双亲去世之后，抢夺了扎西丹增多年勤苦劳作存下的微薄积蓄，并在扎西丹增和次拉旺姆结婚之后将他们赶出了家门。也说次拉旺姆有一个凶悍的兄长，所作所为与扎西丹增的姐姐如出一辙。于是，他们便在被赶出家门之后辗转来到了藏南的达旺地区（亦有人说是沃松地区）。

这大约是附会之说，但可以从中得知的是，这一双人的生活十分清简。并且也大致推测出了仓央嘉措的出生之地，也就是父母搬迁之后所定居的隶属门隅地区的达旺一地。

07 | 入世：福祉·莲花生

有一种人生来便是有光的。

从发梢到眉眼，从足心到指尖，从目中清净到心中广远。

譬如，他。

诞下那一刻，就是带着光的，好似天地之间的一朵圣洁白莲。

他生不逢时。初见人间，已是乱世。

那一日，天生异象。"有许多穿戴华丽宝石的神男神女展现在天幕之上，并显现出身着披风和头戴通人冠的众多喇嘛。孩童刚出生落地，大地便震撼三次，一时间雷声隆隆，风散花雨，枝绽花蕾，树叶生芽，七轮朝日同时升起，彩虹罩屋。"

这是桑杰嘉措所撰写的《金穗》一书当中写到仓央嘉措出生时的话。在这样一个殊境当中，贞静淑慧的女子次拉旺姆产下一名男婴。他便是仓央嘉措。

关于仓央嘉措的出生，在日增戴达岭巴所著的《霹雳岩无上甚深精义》一书当中曾准确地给出了仓央嘉措出生的方位，"乘此殊业者，将于向巴雪山西南隅，降生成为众生主，执掌圣教护苍生。"另有伏藏著作《鬼神遗教》一书写道，"骄傲所生战乱日，心生厌离叛教法。莲花生大师幻化身，有缘生于水界癸亥年，教主乌金岭巴将临世。"准确地预示了仓央嘉措的出生年份是在水界癸亥年，即公元1683年。

大约双亲见天有异象，内心对这一场郑重的生命仪式也有了更多的想法与顾虑。这些担忧并不是凭空的，所以在得到验证之前的几年，扎西丹增和次拉旺姆分外珍惜与仓央嘉措在一起的光阴。因此，仓央嘉措的幼年过得十分轻松愉悦。

幼小的男童在达旺清挚的风气里收获着饱满的爱。这让他知道人与人之间的感情羁绊是一件充满不可思议的力量的事情。爱，将众生关联起来。将他与父母与村落的人与过客与僧众与未知的旅途连接了起来。

关于仓央嘉措的上一世，除了藏传佛教活佛转生传承中明确的前生五世达赖喇嘛洛桑嘉措之外，也有人说仓央嘉措的前生是密教尊者莲花生大士。

莲花生，梵语音译为巴特玛萨木巴瓦。他是印度高僧，亦是西藏密教宁玛派（红教）的开山祖师。因为宁玛派的传布，莲花生大士开始充满许多神奇的色彩，传说莲花生大士为阿弥陀佛、观世音菩萨、释迦牟尼如来等身口意三密之金刚化现，是过去、现在、未来三时诸佛之总集，亲身示现不生不灭之真谛。

又传说，莲花生大士为了普度众生，具有八种变相（即：莲花金刚上师、释迦狮子上师、莲花王上师、莲花生上师、爱慧上师、日光上师、忿怒金刚上师、狮子吼声上师)，此又称莲师八变。莲花生大士在藏传佛教当中地位极为崇高，藏族人民尊称莲花生大士为第二佛。

在藏传佛教史上，莲花生大士是至关重要的密教传承人物。当年，他应藏王赤松德赞邀请，入藏弘扬佛法，并调伏了凶神邪祟的苯教（黑教），使藏民得以改宗正统佛教。并与堪布菩提萨埵建立桑耶寺。

他还教导藏族弟子学习译经，从印度迎请无垢友等大德入藏，将重要显密经论译成藏文，创建显密经院及密宗道场，发展在家、出家两种僧团制，奠定了西藏佛教的基础。他适时地引入部分西藏原有信仰与传统，加入印度佛教之中，融会完善，形成了具有浓厚藏族文化特色的大乘显密佛教。因此，莲花生大士是藏传佛教得以建立毋庸置疑的大功之臣。

据伏藏传记《莲花生大士本生传》所述，莲花生大士降生之前八百年，佛祖曾告十大弟子之阿难，说自己涅槃之后八百年将有莲花童子降生。所谓莲花童子也就是莲花花心之中将自生童子，接替佛祖，弘扬佛法，普度众生。佛教经典《文殊大幻网续》对莲花生出兴于世弘扬佛法有如下授记：

> 祥瑞佛陀莲花生，
> 持有遍知智能库，
> 此王还持大幻术，
> 以及佛陀五种姓。

这一预言应验于古印度乌仗那国。相传在乌仗那国三面环海，在西南达那郭啸湖中之中，有一株被佛祖加持过的莲花圣树。莲花生便以八岁童子之身显身于圣树莲花之中。莲花生本是化身，以阿弥陀佛为法身，观世音菩萨为报身，是阿弥陀佛、观世音菩萨、释迦牟尼佛身口意的三密应化身，是由阿弥陀佛放光入西印度达那郭啸湖中莲花上所化生。

莲花生一降生即有无上神通和智慧，并为天空与海岛的众空行母讲解深奥正法。空行母，梵音译为"荼吉尼"，意为在空中行走之人。空行母是一种女性神祇，她有神力，可在空中飞或者行，故名空行母。在藏传佛教的密宗中，空行母是代表智慧与慈悲的女神。

又传说乌仗那国王安扎菩提没有王子，为得子国王倾尽国库，向三宝致供品，还派人前往大海探取如意摩尼宝。在探宝回来的路上，佛教大臣特瑟那津路过达那郭啸湖。便受佛光指引，拜见了莲花生。回到宫殿之后，迅速向国王禀报了莲花生的事。于是，后来国王便亲自拜见了莲花生，并受莲花生童子为养子。莲花生也是在国王收为养子之后才取下的名。

莲花生入宫之后以佛教教义来治理乌仗那国，并被封为顶髻王。只是这作为有限，不能助他真正完成弘扬佛法大业，于是后来莲花生请求退位出宫，但未获允准。于是莲花生便亲手杀死魔臣之子以获罪并被流放。流放乃苦行苦修。在行修途中，莲花生以肉身历经磨难，得到众佛灌顶，并洗净罪垢，修成无生无死的金刚身。

不单如此，修成之后，莲花生大士更是行遍全国，调伏人间的不洁、苦难、魔障。包括被他先后调伏的萨河尔国和原来所居住的乌仗那国。并且如《行对境幻化经》中所预言的那样，莲花生大士甚至调伏了凶残的阿育王，且感化使之成为了佛教护法。

另外，莲花生是以不同的身份出现在不同的地方来调伏不同的魔障。在佛陀的发愿及众生的因缘聚集时，会出现无数化身，例如莲花生大士的传记里说他为了调伏六道轮回众生，出现六种莲师的化身。以及其他的比如十三莲师化身、二十五幻化身等。三千大千世界有百千万莲师的化身，以度化众生直到永断轮回。

"观想前面上方二尺高处，有珠宝所成的千叶莲座，日月垫上有总皈依集体本师莲花生大士，年若十六岁童子，一面二臂，戴黄色莲帽，穿红色法衣，右手执金刚杵当胸，左手持天灵盖宝瓶，中贮甘露，左腋挟三尖法杖，周围有五色虹光，光中现出印度祖师如龙树等以及空行、护法圣众，如云围绕，所有佛尊皆明空双运，如水中月，空中虹。"

如上师顶果钦哲法王所著《证悟者的心要宝藏》所述对莲花生大师本尊的观想，亦是，此刻我端坐着幽暗空间当中，以文路为意念，将心潜至底处，对他，六世达赖喇嘛仓央嘉措于我心中的本尊的观想。

日光倾城。皓明之光落满青藏高原。于是，你抬眼刹那，便仿佛见着他。见他，站在喜马拉雅山的珠峰之巅，身体里的光穿透了千万里，越过山、刺破海，再温柔映入你的胸膛。于此，他也便住进了你的心底。

公元 1683 年，清圣祖康熙二十二年，藏历第十一饶迥水猪年。三月。青藏高原门隅地区，达旺一地。他，藏传佛教史上最被人珍爱的上师，六世达赖喇嘛仓央嘉措，降生。

08 | 寻生：宿命·未知地

彼日。七日同升，黄柱照耀。

如是。生有七日守护之荣耀，亦受七日炙苦之煎熬。

仓央嘉措。这就是他新生入世的隐秘。幼童如他，一无所知。彼时，他只是在门巴人的纯真民情里有序成长。日日都穿梭在那些或良婉或激昂的声音当中，内心是丰盈的情。如果不是门隅这一块好土地，怕是也不能孕育出灵透如他的男童来。

> 圣洁的娘拉拥错啊，
> 你是一只白鹤从九天降落。
>
> 白鹤啊，你展开的左翼，
> 伸向那巍峨的金刚山；
> 祝愿啊，人生命长，
> 寿比金刚山不老。
>
> 白鹤啊，你展开的右翼，

伸向那茂密的檀香林；
祝愿啊，子孙后代，
多比檀香林还密。

白鹤啊，你华贵的头颅，
高枕那耸立的雪山上；
祝愿啊，人类崇高，
好比雪山峰雄伟。

白鹤啊，你晶石般的双眼，
朝向那门族的屋中央；
祝愿啊，财宝不尽，
璀璨如日月辉煌。

白鹤啊，你火红的两爪，
屹立在肥沃的土地上，
祝愿啊，稼禾丰硕，
仓满大地上难放。

白鹤啊，你行云般的尾尖，
伸向那奔腾的娘江曲；
祝愿啊，门族昌盛，
绵延似江水长。

　　是为门巴人萨玛酒歌中的《白鹤歌》。在这清净之地，时刻都有淳朴如是的歌声在风里逸散。仿佛是一种轻快耳语，提醒人们柔韧、沉默并始终携期许之心度过这烟火扑面的日子。仓央嘉措一家便是在这不放纵、不恣睢、不聒噪的幽谧之地过着属于他们一家三口的清淡生活。

一日，仓央嘉措的家里出现了两个陌生人。年幼的仓央嘉措并不知情，他只是觉得陌生人看上去是那么的亲切。仿佛彼此曾在某一明媚处一起生活。有一种无法言说的亲近感，存在于自己与陌生人之间。这大约就是人与人之间前生积蓄下的缘。只要打一个照面，就能轻易地认出彼此来。

陌生人是出家人。僧衣并不新，红色僧衣上有沧桑的气息。但是却是一种让人十分心安的陈旧。因为旧，显得内敛沉静，连同整个人看过去都有一种慈善在。

这不是两个寻常的陌生人。他们已经不是第一次出现在仓央嘉措的家中。他们在仓央嘉措更加幼小的时候便多次出现，且行踪诡秘。彼时，不过两三岁的仓央嘉措只是看出父母对两位陌生僧人十分敬重，谦卑有礼。也听父母说，他们都是有崇高地位的得道高僧。但彼时，幼小的仓央嘉措并不能领会其中深意。

仓央嘉措天性里就与人有一种亲近的能力，从不怕生，自幼即聪慧过人。那一日，两位僧人正与扎西丹增深谈，小小男童便远远窃听，发觉大人们似乎是在讨论自己。于是趁父亲为僧人煮茶的时候嗖一声便钻入了内屋，怔怔地看住了两位僧。这是这几年来，他第一次真正端凝他们。

也不知何因，两位僧人突然站起，然后面朝这小小男童匍匐在地。他第一次见到两位僧人如此严肃端然，神情里有揣测的惊恐。但他们始终未发一言。说也奇怪，如此年幼竟已心无所惧，他欢快越过两位僧人的身旁，一伸手便要握住他们郑重放好的转经筒。如此轻易地握住它，便不愿放下。他不知，那是先祖五世达赖的法器。

　　"转动经轮的功德，转动一周者，即等同于念诵《大藏经》
一遍。转动二周者，等同于念诵所有的佛经，转动三周者，可
消除所作身、口、意、罪障，转动十周者，可消除须弥山王般
的罪障；转动一百周者，功德和阎罗王相等；转动一千周者，
自他皆能证得法身；转动一万周者，可令自他一切众生解脱；
转动十万周者，可远至观世音菩萨海会圣众处，转动百万周者，
可令六道轮圆海中一切众生悉得安乐；转动千万周者，可令六
道轮回众生皆得拔除苦海；转动亿万周者，功德等同于观世音
菩萨。"

　　稚幼的仓央嘉措以一刻执著，转出万千功德。那是他前生留给今
世的馈赠，内中所含蕴的亦是两生两世之间的一种无可言说的衍生与
承接。

　　相传也正是这一回，两位僧人正式为男童确认了前世达赖喇嘛"转
世灵童"的身份。传说仪式当中，异象频生。那日，两位僧人在居室
之内进行了一系列的佛事活动。包括对护法神唐坚嘉措举行恕衍请愿
仪式。当时在众多特别的加持物品当中，仓央嘉措一把攥住五世达赖
生前所用的镇邪橛，不肯松手。众人不语。翌日，两位僧人对仓央嘉
措进行洗漱洁身；然后将一条红色的护身结系到了仓央嘉措的脖子上。

　　彼时，仓央嘉措幼嫩的心里大约也是不明所以的，但却生生地有
一种莫名的执著指引他做出这些事情来。这大约就是佛缘。他在不自
知的情况下开始辨认出前生。这一切都是注定的。是宿命里安排好的
事情。

《仓央嘉措秘传》里说，每次辨认遗物时，仓央嘉措都能准确无误地辨认出五世达赖的遗物。自仪式之后，幼小的仓央嘉措便仿佛脱胎换骨，日常行为习惯与五世达赖愈加相似。至此，仓央嘉措便开始以活佛转世灵童的身份生活。

这是一段漫长并且艰辛的路途，将去往他不曾知亦始终终局未知的未知之地。他却童子之身，被迫独自上路。以灵通之心来观花开花落，以慧敏之意望云卷云舒。

09 | 活佛：转世·因缘课

活佛，是说已经修行成佛的人在圆寂之后，为了完成普度众生之宏愿，再度转世为人，以寻常人的形容逡巡于世，度化众生。

活佛转世制度是指通过降神、占卜等一系列活动来选定灵童继承法位的活动。它是藏传佛教特有的传承方式。按照藏传佛教的说法，转世的活佛主要是具有一定名望的大喇嘛和活佛。而活佛转世制度的首创者是噶举派。自从 13 世纪噶举派首创活佛转世制度之后，其他教派也相继效仿并传承下来。

活佛转世制度出现、承衍、完善，有一定的思想和理论的基础。藏传佛教认为，人的肉身随因疾病、衰老、祸端消亡，但是人的精神或者说灵魂是永存的。并且不灭的灵魂会在六道当中不断地轮回转世。这就是活佛转世的思想基础。只是活佛与凡人的区别在于活佛是自行下凡救度众生的菩萨，是带有独特意志的。

另外，在佛教当中，有佛有三身说。所谓佛教三身说，三身即法身、报身、化身（亦叫应身）。法身是代表有绝对真理的佛法，它是指人内心深处的佛性，是虚的。所以法身是不现的。报身是说经过苦修苦行之后证得真理而成佛，是一种客观存在的圆满的相。但报身也只是时隐时现的。只有化身是常现的。佛为普度众生幻化成人所得之身即为化身。佛教三身之说便是活佛转世制度得以出现的一个重要佛教理论依据。

除了三身说之外，还有一个比较重要的理论依据就是佛教中的三世道理论。三世道理论是由佛教中的轮回思想衍生出来的。轮回思想在阿底峡所著的《菩提道炬论》中有比较突出的反映，阿底峡认为人可分为三个层次。即"三士道"中的"三士"，包括上士、中士、下士这三个层次。

顾名思义，"下士"是处于"下士道"的，他们是以解脱个人今世苦难求得今生快乐为目的第三层次的人。处于"下士道"的人们，只有皈依了佛、法、僧三宝，方才可以在六道中上升一个层次，也就是脱离地狱、饿鬼、畜生三恶趣，身死以后往人、阿修罗、天三善趣中投生。但这只是修行成活佛的第一个阶段。

只有到了"中士道"中，进入涅槃境界之后，方才可以自我成佛。在上升到"中士道"之前必须要修炼的内容是戒定慧三学。所谓戒定慧三学说的是，戒除一切尘世妄念，做到万事万物入心无异，从而使自己进入一个内心清定的状态，并以此获得智慧。由定而达慧，从而进入涅槃世界。如此，方可自我成佛。但这并不足以自行转生、度化众生。

要想真正地以活佛不灭之灵魂来教化众生，需发菩提心，实行布施、持戒、忍耐、精进、静虑、智慧等"六度"。如此，才能得无上佛道，度己度人。这便是修行成活佛的第三个阶段，也就进入了"上士道"。活佛自然是属于这最高层次的。

佛教认为人的神识在修行获得高层次的成就后可以从自己的肉体中游离出来，然后移往另一新生的肉体上。人的肉体可以衰老，但神识可以从衰老的肉体转生到另一个新生的肉体上，这样可以保证优异的神识连续不断地存在下去。

其实，在藏族的宗教文化当中，灵魂不灭、鬼神灵怪等观念原本便存在，所以，这些观念在藏族的宗教文化当中甚至可以说是根深蒂固的。于是，上至佛学大德，下至黎民百姓，或是佛教各宗派，对灵魂、转世、轮回等观念都极易接受。也正是在这样的宗教文化氛围的推动下，活佛转世制度便应运而生。

在这之前，藏传佛教的高僧法位继承方式大约都是家族式传承。亦有部分派别采用师徒传承的方式。但随着藏传佛教教派间争斗的日益加剧和教派内部一师多徒争袭法位的矛盾日益加深，为了保证教派的稳定和领导权的和平传递，传统的师承方法和世俗社会的世袭制度的局限性愈加明显，因此便出现了藏传佛教里最为独特的活佛转世制度。

在活佛转世制度当中，达赖喇嘛转世系统的形成又自有其独特的来路。"达赖"一词其实并不是藏语，它是蒙古语。在蒙古语当中，它的意思是"大海"。"喇嘛"是藏语，它表达的意思就是上师。而达赖喇嘛的称号直到三世达赖喇嘛索南嘉措时才出现。

格鲁派的寺院经济在二世达赖喇嘛根敦嘉措时期有了良好的发展，但彼时支持格鲁派的帕竹政权却日渐式微，格鲁派在政治上开始受到打压。于是为了格鲁派能够更长远地存在和发展，二世达赖喇嘛根敦嘉措不得不积极寻找新的政治力量的扶持。但直到三世达赖喇嘛索南嘉措时期，格鲁派才开始得到蒙古势力的支持。

公元 1577 年，时值明朝万历五年。三世达赖喇嘛索南嘉措应蒙古势力的邀请远赴青海，和蒙古土默特部首领顺义王俺答汗会面，并且彼此互赠了尊号。俺答汗赠给索南嘉措"圣识一切瓦齐尔达喇达赖喇嘛"的尊号，意为"遍识一切"。于是出现了达赖喇嘛的称号和其转世系统，索南嘉措算作第三世达赖喇嘛，追认前哲蚌寺寺主根敦嘉措为第二世，根敦珠巴为第一世。

待活佛转世制度被普遍采用之后，在灵童寻认、坐床等具体操作方法上，亦开始逐渐形成一套比较规范的完整制度。

寻访转世灵童是活佛转世制度中一个重要环节之一。因此寻访的程序会十分细致、复杂。而达赖喇嘛的灵童寻访过程则更加严格。大致包括辨别预兆、神谕启示、观巡圣湖、寻访灵童、辨认遗物这五大步骤。

辨别预兆，说的是在活佛圆寂前后会出现一些征兆，甚至天生异象。自然，活佛圆寂之前会将一些内心观想的细节透露给随侍或者心腹。而在活佛圆寂之后，他们的身体会呈现某种姿势，这便是转生方向的暗示。

神谕启示，说的是神谕（又称护法神）能预卜人间世事，因此在活佛圆寂之后要向神谕卜算。并且要卜算多次，其中乃穷神谕（乃穷护法神）的占卜验证最为重要。乃穷护法神不仅要多次卜问达赖喇嘛灵童转世的方向，而且要卦卜灵童的诞生地及其周围环境的具体特征。

观巡圣湖，说的是在藏族，人民有圣湖信仰，并且在藏区确实有很多圣湖，寻访达赖喇嘛或班禅转世灵童的时候必须要到藏族最著名的圣湖之一拉姆拉错寻找重要的线索。这是寻访达赖喇嘛灵童过程中最神圣又最神秘的程序之一。

寻访灵童，顾名思义，说的便是在观看圣湖显影之后，依据之前所获得的信息进行实地寻访。去往圣湖幻影当中显像的地方。

辨认遗物，这是最后一道步骤。因为根据卜算、圣湖观影所得信息并不能立刻确定具体的灵童，只能确认灵童所在地。但一般来说，在活佛圆寂之时降生的婴孩不一定只有一个。因此，被访灵童也不止一个。所以，辨认遗物这一关是十分必要的，也是必不可少的。灵童需要从真假遗物当中辨认出前世活佛生前使用的法器，包括手铃、小鼓、念珠和金刚等。但也会出现多个灵童通过考验的情形，也因此促生了后来的金瓶掣签制度。

元代之后，教派首领或大活佛，大都得到过中央的封号和印信，以后，请封、袭封便形成一种制度。公元 1792 年，清乾隆五十七年的时候，为排除寻找灵童时可能发生的弊端，完善灵童确认的程序，中央制定了金瓶掣签制度。

但在仓央嘉措的时代，灵童确认的过程和制度并未如此完善。也因此，仓央嘉措与前生活佛五世达赖喇嘛之间，更似有无可言说的因缘。是，千生百世，缘起缘灭，皆已注定。

10 | 匿光：颠簸·少年僧

之前述及了两位频繁出现在仓央嘉措家中的神秘僧人。这二人其实正是第巴桑杰嘉措于公元 1685 年从拉萨派出来秘密寻找五世达赖喇嘛转世灵童的得道高僧:曲吉卡热巴·多伦多吉（曲吉），多巴·索朗查巴（多巴）。后来，他们也便成为了仓央嘉措的师父和贴身侍僧。

公元 1682 年，五世达赖喇嘛洛桑嘉措圆寂之后，桑杰嘉措遵从活佛意志，将此消息隐匿了十几年。在他做出这样的一个决定时，势必反复斟酌，方才将此事落定。这一决策虽然给桑杰嘉措未来十几年西藏的专权统治带来了职权行使上的便利，但同时也使他遭受了巨大的非议。

其实，他只是想以己身之力竭尽能力地来完成五世达赖喇嘛的遗愿。那是他的先师为之奋斗了一生的政治理想。在五世达赖喇嘛构想的政治蓝图中，他一直想在西藏地区构筑一个政教合一独立掌权的地方政权。但直到圆寂，他的政治理想亦只是初步实现。

因此，解决在推翻旧政权建立新政权的过程中遗留下的政治问题的重任便自然而然地落到了担任摄政大臣第巴一职的桑杰嘉措身上。秘密寻找灵童并于暗中培养便是重任之一。

彼时，曲吉和多巴经过多次寻访，终于将灵童的最后人选确定为门隅达旺一地扎西丹增家的独子，也就是仓央嘉措。在进行确认仪式之后，曲吉和多巴受第巴之命，要立即将灵童从扎西丹增和次拉旺姆夫妇身边带走，迁居夏沃地区的措那宗。而此时，仓央嘉措不过只是两三岁的男童，一尘不染，惶对世事。

仓央嘉措被认定为活佛转世灵童一事，对扎西丹增一家来说自然是天降的莫大荣光。但拉萨方面将幼年的他从父母身边带离，却亦不是因为马上要将他接到拉萨入宫坐床，这着实令一家人内心忧忡。他们不知，在这乱世里，仓央嘉措真正的命途将何去何从。

那一日，他被告知将离双亲而去。深夜，他躺在母亲身旁，静默地端凝着这个善美的女子。他的母亲，次拉旺姆。她原本可以将他养育，看他长大，变成玉树临风的俊雅男子。然后如他父亲一般，遇到命定的那个女子，与之相依，过温暖的生活。却不料事无定数，命运波诡云谲。倏忽之间，她竟得知，只能与他相守两三年。然后一别不可见。没有退路。

至于他的父亲，那个叫做扎西丹增的温厚刚毅的男子。在那些临别的日子当中，神色日益忧郁沉凝，盈满悲伤。因他知道，纵自己一生勤苦循善，也敌不过命运转折。是，这不是苦难，是福祉。只是，这荣光于他，太过圣盛，是生命不能承受之重。

> 深谷里堆积的白雪，
> 是巍峨的高山的装扮，

莫融化呀，请你再留三年。

深谷里美丽的鲜花，
是秀美的深谷的装扮，
莫凋谢呀，请再盛开三年。

家乡的俊美的少年，
是那阿妈心中的温暖，
莫离开呀，请你长住不散。

他去的那一日，村落里有歌声荡漾。不知是哪家的母亲也告别难舍的独子，只听那声清厚雅润，是不多得的慈心人。不知者，大约以为是哪家人受到点化，暗中命途被牵引，来为他送别。遥遥千年，音牵万里。即使他尚年幼，不能领会各种真意，却也有了微光照前。

在迁居措那宗之后，曲吉和多巴开始不断为仓央嘉措的健康做法事，也开始安排他在色拉寺、哲蚌寺学习藏文，接受严格并且系统的教育，为日后研习佛典汲长智慧作铺垫。

措那宗的童年生涯在仓央嘉措的生命里是至关重要，甚至是决定他一生走向的。他太年幼，彼时，他没有过去，没有曾经。亦没有那一天，那一月，那一年。他的往事是这一时方才开始。

仓央嘉措天资聪颖过人，学习藏文的过程中，在短短三四年的时间里，他所表现出的智慧令人赞叹。到公元 1690 年，不过七岁的仓央嘉措便已正式学习佛教经典。他所学习的佛教经典广博繁杂，涉及各大教派。包括第巴所著《白琉璃》，红蚌巴所著《诗境》《除垢经》《释迦百行传》，阿底峡所著《旅途纪事》以及莲花生大士所写的《五部遗教》等等。经师亦遍及各派。并且，在九岁的时候，仓央嘉措完成了《马头明王修行法》一文的撰写。

诸多经典当中，仓央嘉措犹爱《诗境》，对此著作觉悟甚高。这大约是因为他家乡是情歌之乡、酒歌之乡的缘故。仿佛他的骨子里便是个诗人，清冷、倨傲、不可知。

佛教有三学，即之前所述及的佛教三身说中"下士道"升华入"中士道"所需修炼的戒定慧三学，通过习修佛教三学，来达到入涅槃自成佛的境界。其中"慧"学的主要内容便是佛学五明。习佛自然要习佛学五明。所谓佛学五明，即声明（即一切语言文字、声韵学，比如音乐等）、工巧明（即工艺、技术、历算等）、医方明（即医药学，包括了中医、西医等）、因明（即逻辑学、认识论）、内明（即佛学，也就是《大藏经》中的种种理论）。

《诗境》是声明经典，自然要学。却不知，一本《诗境》将仓央嘉措天性里的诗人特质激发出来。他将书中的六百五十六首研究得十分透彻，关于诗歌的欣赏与创作技法更是烂熟于心。他也猛然发现，在离家孤苦的长日里，内心竟依然有如此来势汹汹之热爱。诗人的天性里就有一种孤绝的气质。彼时，他尚未能感知到这一切。

仓央嘉措在一条深广艰险的路上，跟着众多的师父，心捻佛线，增长智慧，缓步前进。只是前途之困阻，非少年所能预知。莲花生大士说："我们这一生的情景，是前一生行为的结果，任何办法都不能改变这种安排。"

如是。只愿他去处平乐。

印入伊人一片心

11 | 初见：欢喜·爱之劫

以爱修行。
苦度情劫。

这八个字是仓央嘉措到拉萨入布达拉宫正式坐床之后的清苦生涯最真实的写照。写仓央嘉措的爱情，势必不能以粉俗之意去揣度，更不能以香艳之笔去描摹。他的爱情应当是洁净如婴的，应当有一种清定的气质在。这一些爱，舛错流连，在最初的门巴大地，便已经新芽暖生。

> 你重我的情深，
> 我敬你的心诚，
> 祝愿白头到老，
> 携手朝拜佛圣。

这是他家乡最受欢迎的情歌。彼时，他并不懂其中深浓情意，只是别离双亲时，有那么一瞬间，他莫名记起了它。毫无征兆地想到，只是觉得好。因这是属于他的家乡的，属于他稍纵即逝的幼年的。

入寺学习的这几年，男童长成少年。精致的面容里开始透露出一种俊逸之姿。不过十几岁的身躯，竟生出一种磊落桀骜的气质来。这着实难得。如若在民间，可以自由行为，那他定然是一个碧树般的美少年。却说这一处，他的内心力量尚不足够抵挡人间烟火之悠然。终究令他少年时分就已心生倦意。不是对佛法，是对闭塞刻板的生涯。

如若说仓央嘉措骨子里就有一种浪漫的天性的话，那促使他彻底将之释放的索引应当是他双亲的相继离世。不是到了年纪，只是扎西丹增苦碌一生操劳成疾，终究敌不过疾症。

仓央嘉措不在，扎西丹增也已离开，一个原本清容圆合的家瞬间便支离破碎。这对于次拉旺姆来说，无疑是这一生不可承受之痛。但这痛，却并不致命。致命的是，孤独。她在之后独居的十多年里，渐渐被岁月掏空。昔日一朵柔丽的格桑花不敌时岁蹉跎，枯萎而终。这个消息传到仓央嘉措耳朵里的时候，他止住了所有的观、想、念。静默泫然。

第一次，仓央嘉措对生命有了不解的疑惑。他忽然不知，到底要怎样活，怎样将这无涯的光阴度过。他纵然聪颖出众，但心智到底尚不明透。并且他时常沉默不语，是个内敛隐忍的人。他不曾将他的疼痛、疑惑说给任何人听，包括他的师父。于是这一些困惑在他内心积压、变质，最终将他引入一片无望之地。然后，逼迫他生出妄念。

皆是命缘。一念之间，沧海桑田。少年如他，便要跋涉千山万水，去化解内心郁苦。这次变故之后，仓央嘉措变得更加沉寂。内心暗涌，纵然波澜壮阔，亦无人知晓。

不思不想尚得过，
愈思愈想非愈多；
我做佣人如牛马，
权把苦汁当酒歌。

恩慈父母请思量，
莫把爱儿抛他乡；
他日咀嚼离情苦，
后悔不及恨亦长。

如此情长。他时不时便会记起家乡那些意暖的歌谣。一声一声
摇荡在天地之间。摇荡在措那湖上。摇荡在万丈雪山上。摇荡在仓
央嘉措热血的心上。这一年，他十四岁。

初春一日。师父体恤他丧母之痛，便允准他独自出行散步。这
是他第一次单独离开寺庙，见天外之天。他是无意识地，只是循着
清洁道路一直往前。周身是流转四野的藏香。如若忽见地阔天高，
内心惊动不已。

后来，他不知不觉便来到措那宗的街市里。刹那便换了天地。
妙龄少女。俊朗少年。商贩。人马。吆喝叫卖声。他从来不知，这
凡俗的烟火之味是如此热烈，又是如此温情。他猛然惊觉，心里竟
在此处于不经意的瞬间讨得了一丝暖。好一番令人着迷的景象。

来到下方的印度国里，
倾慕孔雀的羽毛美丽，
愿借羽毛把我来装饰。

来到上方的藏族地区，
倾慕杜鹃的声音动听，
愿借声音助我唱心曲。

来到家乡的门隅地区，
倾慕少年们欢乐合聚，
愿借欢乐引我寻朋侣。

如是。家乡有支《倾慕》歌忽然跃入他脑海。他才知道，他此刻倾慕的，是这街市流连的热腾腾的欢闹。一时间，心意悦然。正在他四下流盼时，一个不小心便对上了她的眼。人群里只那一见，他心里便咯噔一声发出异响。这令他顿时失措不语。只是静默立在原地，目光穿越人群，凝在她身上。腾挪不开。

也不知在她单薄身躯里，盛着怎样的过往。只见她端然立在门边，任凭车来人往，坦荡荡迎着他的目光。不退。不避。不羞。不怯。仿佛少女心里是洞明世事的清透，无所畏惧。而这，令他愈加沉迷。他是有大智慧的人，此刻却局促不安。对峙陷入沉默的尴尬之中，他却无计可施。任凭彼此之间的那一座桥梁荒芜没有退路。

正此时，路过一支迎亲队伍。隔断一双少年人的视线。要说本应就此罢了，转身去往别处，也就相安无事。却惹得他内心一阵焦躁。这不是修佛的人应当有的浮躁。他知道自己到底是修为尚浅，需要继续走的道路还十分漫长。却不料，他欲转身刹那，不知从哪一处传来清漾的歌声。他记得那是他幼年在家乡听过的妙音。

在碧波荡漾的河面，

我还是第一次放下小船。
风儿呀，我请求你，
千万别将我的小船掀翻。

在美好的初恋阶段，
我还是第一次尝到甘甜，
恋人呀，我请求你，
千万别把我的爱情折断。

如此质朴诚坦的歌谣。他一听便怔住。再回神的时候，那一支迎亲队伍已经过去。此刻，他猛然抬眼又望见她。这一时，他终于卸除了所有枷锁，直直地望住了她。

这是他与她的初见。好似离群孤雁的莫名交会，在深广的高空里错羽而过，再一齐敛翅义无反顾地落到大漠里。千万人中，他们相遇，只因彼此落寞时都在这里。

12 | 少恋：童真·忆不离

感情是深邃难以研究的。

少年之间的爱喜更有一种迷蒙之美。

若有似无，是真也幻。

并肩走一段路的好，也是要被记住许多年甚至一辈子的。

那一日的遇见，对于仓央嘉措来说，好比是深暗井底落入的一道光，温柔也犀利。它赤裸裸地在他眼前做出暧昧的指引。他虽智慧卓绝，饱读佛经，通体透净，但这净是未经世事的那一种，它脆弱又单薄。比不过趟过浊世之后洞明人间离合脱去尘埃换得的坚不可摧之洁。

所以，他心里生出了一样的微妙细动。这一动，好比顽石入水，一点波纹荡开，便成达岸的涟漪。是止不住的。他以为，这对面利落的小女子定将长成如母亲那一般良厚淑婉的女子，持一颗笃定的清净之心，照顾最亲爱的人，温暖地过一生。

彼时，他也不知道身体里是如何生出一种牵引的力量，驱使他迈出脚步的。往前。穿越人群。走到街道的对面。站在她的面前。看着她，然后微笑着说了话。他只是跟她介绍说自己是在寺庙里习佛的少年僧人。简单直接，毫不避讳。他只是想要认识她。她却不说话，看着他的眼神里有一种不可抗拒的探索。她如此年少，便有如此动人心魄的目光，似真要将他穿透才罢休。

她又怎会只以寻常目光来望他。在这条街上长大，她从未见过有谁可以具备如此强大的气场。在这人群络绎器嚷不绝的街市里依旧如此跳脱，丝毫不能被淹没哪怕半寸的光芒。他仿佛是从遥远的拉萨城的圣殿里走出的人，顶上是有光照的。如此耀眼。

她从没见过一个少年，有如此精致美妙的面容。仿佛是中土的客人用水墨在素纸上勾画出的仙神轮廓。她想，大约这街市上的少女都将寻光而至迷恋绝赞的。她却又是如此静定地看着他。仿佛稍一骄矜，就要与之错身，再不能见。

他一定不知这绝妙少女内心的激烈暗涌。正如她亦不知他内心新芽初生的土地之上，分秒蓬勃的绿意。这就是两个人之间最千回百转的那一种喜欢。隐蔽的，却充满力量。

后来，也不知道是谁慕引着谁，亦不晓是谁追寻着谁。几个辗转，又好似几生几世的轮回。他们一起穿越热闹的街市，漫步至阒寂的旷野。他们就那样并肩走在旷野当中。碧色成海，浮浪而来。这一双青涩的人就这样湮没在天地之间。恍惚之间，这个世界就只剩下了他们自己。再无旁人。

进或者退，那是由他们之间的磁场所决定的事情。但彼此都沉默不语。这一切对仓央嘉措来说始终是陌生的，却有不可抗拒的力量。他向来不是逆心性而为的人，自幼内心就有一种圆融自在的向往。于是，他一言不发。只是在走。好似某一帧清新的电影画面，却被时光染上了不可褪的旧色。

如此。无声无息里，有一种心意就在这一双少年人的心里茁壮起来。喜欢甚至爱一个人，不是一定要青梅竹马或者朝夕日久。一个照面，亦是一生。

他们之间的细节无人可知。大约是痴缠缱绻的，也或者是飒然利落的。但一定是纯洁深净的，这才是与他们相匹配的。这一种交往，有别于仓央嘉措历经的所有。它温柔、细腻、清淡、馨媚。竟令他日夜回味，忆之不足。只是这一些异动，师父们始终未曾察觉。

那一夜，他辗转几番终不能眠。于是他终于起身做一些事。是，他要为她写诗写歌。以最清挚的笔写出彼时内心最干净的恋意。那是他们家乡广为传唱的一首歌。他记得幼年在家乡的短暂时间里曾与乡间小伙伴四下游耍时听过。彼时，不知何意，只觉得美。却也道不明是那青壮男子的音色美，还是内秀的姑娘绯红色的脸美。又或者，他只是觉得，那幻境美。

> 端庄高贵的姑娘，
> 她那艳丽的脸盘，
> 看似高高桃树尖上，
> 熟透了的果儿一样。
> 心儿跟她去了，
> 夜里睡不着觉。
> 白天没有牵手，
> 让我意乱心烦。

次日，他做完早课便离开。他急于再去找她，即便鲁莽，却也独具少年的匆烈，有一种单纯的执著意味。其实这样的画面，少年摆风前往，直冲到姑娘的面前，着实是美的。让人看着便觉得这方才是活的生色所在。人都应当去经历这样的青葱与不可一世的爱情。即便幼嫩、生硬，但单单那不顾一切的韧劲已然是一种财富。

虽然也没有约定，但是她也知道他与她定然不会只有一面的交会。他们之间还会有再一次相见的机会。只是她不知道，他第二日清早就奔出寺里来找她。见一面就好，说句话就好，念一句诗唱一曲歌，就好。

他依旧是站在对街向她昨日的方向去望。那是一家卖杂货的店。店面不大，却琳琅有致。看得出来经营得细致用心。并没有等待多久，他便见她从内屋走出。她看着对街的他，露出了笑。一笑倾城。是这样好看的小女子。彼此也是心有灵犀的，都知道不会就此别了不再见。

循着昨日的路，一前一后地走了出去。也是到这一回，他们方才有时机对彼此有更多的了解。他从怀里拿出纸，递到她的面前，说这是家乡广为传唱的诗。原本并不记得，却不料昨日见她，竟一清晰显现在脑海里。仿佛所有的沉睡都只是为了这一刻的相会。她再一次笑，只是这笑多了几分娇羞。

他们也都是身世清寒的少年。也不知是从何说起的。她便渐渐开了口，说起那些蒹葭往事。她是一个带着伤痛的小女子。自幼父母双亡，被姨母一手带大。姨母也是苦命女子。少女时便被唯利是图满嘴谎言的男人带走。遇人不淑本来以为注定是要潦草一生的，却不料男人在去往日喀则贩货的途中遭遇强盗，被劫财杀害。至此，便剩她的姨母孤苦一人。此时正值她的父母双双离世，于是她的姨母便将她接走，相依为命。

也因此，她与姨母感情甚深，情甚母女。姨母在男人生前学来一些经商的本事，于是便经营起一家小店来谋生。虽日子清苦，却也安稳有序，温暖平顺。她想，她是不曾料到有一日会遇到他这样一个卓尔不群的美少年。

他也笑。笑得如饮风月。好一个自在洒然的少年。用一双深邃的眼看住她，然后便唱起昨夜写下的歌来。竟有这样的好声音，悠扬婉转，如天籁。仿佛是从遥远天边倾斜而下的光，温柔地落在她身上，仿佛是一种庇佑。

如此，一双好少年就这么自顾清然地走在青藏高原的碧绿草地上。旷野无人，唯有青涩童真的爱，遍布人间。

那是少年之间，清净淡洁的喜欢。
她是他的，仁增旺姆。

13 | 别处：伐征·噶尔丹

生的欢喜。不过瞬间。
这是他的宿命。他却不知。

这日他一如往常在寺里阅读佛经。一壶茶，陪他度过一盏时光。这是每日的功课。他做得端肃认真。却不料观想时分，有人破门而入。是师父曲吉和多巴。然后他被告知，他将要离开措那宗去往拉萨。不可改的决策，毋庸置疑。

且将目光从这一处转至拉萨的布达拉宫。殿内，第巴桑杰嘉措正值焦头烂额之际。也是一代枭雄，操持西藏大局多年，客观上讲，在五世达赖喇嘛洛桑嘉措圆寂之后的那个乱世为西藏的政治稳定作出不可磨灭的贡献。

彼时，为了完成五世达赖喇嘛的三件遗愿，桑杰嘉措时刻都生活在紧张的自我压迫当中。所以，他内心亦有不能言说的苦楚。他是不快乐的。桑杰嘉感措遵从先师旨意，一边监督布达拉宫修复扩建工程，一边在巨大压力之下匿丧不报且暗中培养仓央嘉措保证其接受最好的教育，另外还要时刻谋计打击西藏地区的蒙古势力。

在这三件事情当中，前两件他都竭力完成并且做得很好。从五世达赖喇嘛着手重建布达拉宫到公元 1695 年，布达拉宫的重建工程全部完成。这一年是康熙三十四年。

布达拉宫高 9 层，外观 13 层，离地高达 117.19 米。东西长 360多米，南北宽约 140 米，山下海拔 3650 米。占地总面积 36 万余平方米，建筑总面积 13 万余平方米。布达拉宫的主体建筑，就其功能来说，主要分为两大部分：第一部分是白宫，白宫是历代达赖喇嘛生活起居和政治活动的地方；第二部分是红宫，红宫主要职能为历代达赖喇嘛的灵塔殿和各类佛殿。红宫居中，白宫列居两翼，红白相间，群楼层叠，蔚为壮观。

到第巴桑杰嘉措时，布达拉宫的重建工程竣工。无疑，五世达赖喇嘛想要完成重建布达拉宫工程的遗愿得到了圆满的完成。第二便是转世灵童的暗中培养。这一件事，桑杰嘉措也竭力做到了最好。仓央嘉措在与外界隔绝之后，接受了最良好的教育，智慧无限。

除此之外，最重要的事情便是驱逐西藏境内的蒙古和硕特部的势力。只是桑杰嘉措深知单凭一己之力无法与实力强劲的和硕特部抗衡。所以不能力敌，他唯有智取。在深刻分析了当时的政治环境之后，桑杰嘉措想到了一个人。噶尔丹。

噶尔丹（1644 ～ 1697），清代厄鲁特蒙古准噶尔部首领，汗王巴图尔珲台吉的第六子。青年时，噶尔丹曾赴西藏修习佛法，追随在五世达赖喇嘛洛桑嘉措的身边，并深受五世达赖的器重。只可惜，几年的行修并没有去除噶尔丹的戾气。噶尔丹"不甚爱梵书，惟取短枪摩弄"，正是在舞刀弄枪之机方才结识了有同好的桑杰嘉措，二人气味相投，交往日渐密切，有了一定的感情基础。

此时，噶尔丹的名字便跃入了桑杰嘉措的脑海当中。他知道，当下唯有这个昔日情同手足的男子才能助自己一臂之力。

公元 1670 年，噶尔丹的兄长僧格在准噶尔贵族内讧中被杀。次年，噶尔丹便闻讯自西藏返回，为其兄报仇，击败政敌，夺回了准噶尔部的统治权。公元 1676 年，噶尔丹俘获其叔父楚琥布乌巴什，次年击败和硕特部首领鄂齐尔图汗，实力大增。随后又占据南疆，势力扩至天山南北。公元 1679 年，达赖喇嘛赠与博硕克图汗称号。

公元 1690 年，在沙俄的怂恿和支持下，噶尔丹率军进攻喀尔喀蒙古土谢图汗部，继而进军内蒙古乌朱穆秦地区，威逼北京。同年八月的乌兰布通（今内蒙古克什克腾南）之战，噶尔丹惨败，带领残存的几千人退至科布多。

桑杰嘉措当时并不知道噶尔丹攻打的喀尔喀蒙古早在战乱开始之际就已经归顺了清政府，他在噶尔丹惨败清军之后竟多番派人出面调停。这一行径在清政府看来与噶尔丹的叛乱行为本质上别无两样。

此时同为自己师兄兼盟友的噶尔丹惨败对于桑杰嘉措来说是一个不小的打击。而桑杰嘉措当时的境况十分尴尬，一方面不能弃盟友不顾，还需日后噶尔丹的协助，于是不得不出面调停保全噶尔丹；另一方面如此一来便是与清政府树敌，将自己陷入十分矛盾和危险的境地。桑杰嘉措在无万全之策时便只能择其一为之。他从驱逐和硕特为使命的角度考虑，选择了保全噶尔丹的实力。桑杰嘉措不知，这对于自己说来，是一个致命的错误抉择。

　　为确保边疆安定,康熙曾于康熙二十九年 (1690)、三十年 (1691)、三十五年 (1696) 三次亲征。并在第三次亲征讨伐噶尔丹之战中，剿灭了噶尔丹全部主力，部众叛离。是年三月，噶尔丹自知末路穷途，饮药自尽。

　　至此，桑杰嘉措想借助噶尔丹之力驱逐西藏境内蒙古和硕特势力的想法彻底无望。

14 | 诀别：真命·唱离歌

真相是人内心孤独隐蔽处不经意的表达。桑杰嘉措不是这个世界上唯一知道那个秘密的人。他告知了心腹，这是他内心的深黑暗涌唯一的出路。于是，当秘密有了漏洞，便注定有一日会败露。真相最终会浮出水面。

公元 1696 年，在康熙帝第三次亲征噶尔丹并取得彻底胜利之后，他从战俘口中探知五世达赖喇嘛洛桑嘉措并非如西藏所传说的闭关行修，而是已圆寂十五年之久的消息。当下，康熙帝大惊，既而怒不可遏。随即，康熙帝便下旨严厉训斥了桑杰嘉措，令桑杰嘉措迅速奏明五世达赖已故始末。是日，康熙三十五年八月甲午。

很快，桑杰嘉措便接到了圣旨。圣旨限定了桑杰嘉措的回复日期，桑杰嘉措必须在期限内将五世达赖喇嘛圆寂事宜的原委呈表清楚，请求罪责。

得圣旨时，桑杰嘉措内心竟忽觉一阵轻松，仿佛卸下了不可承受之重。那是他从未有过的轻盈。权谋之下的生活日渐丧失愉悦颜色，到最后竟只有在圣怒罪责之后方才能获得一些畅脱感。彼时，他的内心定然是轻盈又哀伤的。这就是他的人生。

桑杰嘉措很快就遣人快马加鞭将密奏赴送京城。在奏函内，他说明了一切都是遵照五世达赖喇嘛洛桑嘉措的遗嘱所做，并无越矩之举。并且向康熙帝透露，不单如此，其实五世达赖喇嘛圆寂之后的转生净体一早便已找到，只是占卜结果不宜公开，所以只能暗中培养。并强调，对于灵童的教育从未有丝毫怠慢与不妥之处，今日，灵童已十五岁，也已长成有大聪慧的人。

桑杰嘉措到底也是一个出色的政治家，于是，他干脆顺便就在奏函之中请示康熙帝批准灵童坐床，以顾全宗教稳定为由。言"必至相合之年岁始闻天朝皇帝及众施主，现六世达赖喇嘛于康熙三十六年十二月二十五日坐床，乞皇上暂隐之，勿闻于众"。

鉴于当时西藏局势的混乱复杂，噶尔丹的准噶尔部刚刚被平定，西藏尚不稳定，桑杰嘉措又是五世达赖喇嘛洛桑嘉措生前亲点的第巴，藏区民众对达赖的信仰更是不容置疑不可撼动，于是康熙帝深思熟虑之后，决定对桑杰嘉措匿丧不报的事情不去深究，冷静处置，宽厚对待，毕竟他对桑杰嘉措的警告目的也已达到。于是，康熙帝便允了桑杰嘉措的请求。

因此，之后在桑杰嘉措心中，接下来最为重要的事情就只有一件——尽快将五世的转世灵童仓央嘉措请到拉萨坐床。仓央嘉措就是在这样的政治风浪里，被推上了历史舞台。

少年仓央嘉措却不知宿命轮转，他年轻生命时辰里将罹遇再一次失去与不可得。爱别离，求不得。人生大苦。他大约不经意在前世的生命经卷里落笔题了流离二字，于是这一生注定辗转不休。

那一日，他从师父口中得知自己的行修期满，他以为这便是习佛的终结。于是匆匆便就下了山。自他与仁增旺姆相识起，他常常会以各种理由跟师父请求出行。时日渐长，二人感情愈加浓深。而少年之间的爱，更是带着不顾一切的决绝意味。他们是盲目却笃定的，一定是要寻索到底的。

他又一次来到仁增旺姆与她姨母经营的店铺。环顾四下良久，却未曾见得仁增旺姆身影。于是他终究按捺不住，越过街道，站在了她姨母的面前。往常，内敛羞涩的仁增旺姆一直都是瞒着姨母与仓央嘉措交往。这一回，仓央嘉措却没有按捺得住，他太想告诉仁增旺姆他行修期满的事情。他以为，他终于可以回到门隅回到达旺回到自由清朴的故乡。带她一起。

她的姨母是好人。见他如此年少周身便有不凡气宇，内心也着实被惊动，愈加和善起来。仓央嘉措询问仁增旺姆的下落，才得知，不过三日未见，仁增旺姆竟于前日深夜高烧不退大病了一场。听罢，仓央嘉措顿时失了声。接踵而至的，是四下寂灭的惶恐，他顿时不知所措。正此时，只听姨母一声笑，说仁增旺姆今早已经康复。此时正躺在榻上休养。于此，他才呼吸顺畅起来，松了一口气。

跟着姨母，仓央嘉措第一次走进了仁增旺姆平日里照看、生活、长大的这间杂货小铺。不过几步路，他却走得心里忐忑难息。掀开两道浓艳门帘，便是她的卧房。简陋清素。瘦弱的仁增旺姆脸色苍白地侧卧于榻上。姨母一声唤，她才缓缓转过身来。

只一刹那。世界便换了天地，只因他映入了她的眼。他见她，芜杂心底落满花。她看他，渐靡心花倏忽间便又再现落艳风华。脸色竟也渐渐胭红氤氲。即便病了，她亦是清美至极的。

姨母待仁增旺姆如同己出，她年轻时受过好的教育，看待世事也别有一番慧敏的领悟。见一双情窦初开的少年，她也只是默默观望，不发一言。她相信面前这风华奕奕的少年定如仁增旺姆一般是早慧聪敏的孩子，定然不会做出半分有歹意的事情来。于是不一会，她便悄声退出了屋外。留下一双好少年四目攀沿。

仓央嘉措记得那一日下午，她对他说的所有话语。她说前日夜里，他入了自己的梦境。着一身泛光的袈裟，坐在雪山之巅被众人膜拜。仿佛是救世的佛陀。而她亦不过只是寻常的女子，湮没在人海里，跟着人群跪拜着他和天地。那一刻，她与他是那样远，却又分明咫尺相距。彼时，她猛然觉得，他不会是那个只属于自己、可以与之平淡过安稳一生的寻常男子。他是殊胜遥远的。

也不知是佛陀意志还是别的，清晨醒来，一切病症便就都消退，唯留下一腔潸然心意。她那时忽然觉得，她真就要失去他。尚未拥有，便要失去。内心哀伤盈满，逼迫出绝望。

于是，这一日，当她侧卧于床翻转身体，再见他端然立在面前时，内心纵然完全不能痊愈的顽疾也瞬间都绵绵而去。虽然她不知，这果真是诀别前的最后交会。不但如此，仓央嘉措自己又何尝能将这既定的命数了然于胸。

不多久，这一双人便听到街市里嚣嚷声声。是一支浩荡的队伍，有僧侣，有官军，声势浩大。无人知道是何缘故令他们逡巡在偏远之地的街市里，似有所寻。民众大都隐隐知道定然是发生了大事。仓央嘉措也循声而出，别了仁增旺姆，然后掀开门帘匆匆地走到街道边上观望。出来的时候，他只是给她留下一字——等。他以为他真的可以即刻就回。

后来，当仓央嘉措端坐在布达拉宫的日光殿里观想时，他依然会不断忆及那一日莫名又局促的诀别。他甚至来不及跟她道一声再见，倾诉两句良言。他只记得，立在路边心神未定，便被队伍里相熟的经师辨认出，然后经师一声大喝，众人便围将过来，将他拥迎上了马。一路风尘而去。恍然如梦。

谁也不会料到，那日光照通亮，他与她的一见，竟是永别。

是谁在吟：

> 凛凛草上落霜，
> 飕飕寒风刮起；
> 鲜花和蜜蜂儿啊，
> 怎么能不分离？

彼时，她还立在无人的旷野里唱：

> 我们永在一起，
> 亲亲爱爱地相依。
> 要像洁白的哈达，
> 经纬密织不离。

15 | 辗转：隔绝·浪卡子

不过烟云浮世，转眼爱如暮日。

一切都还来不及解释，就已经各自天涯成痴。

仓央嘉措在颠簸中得知，他行修期满不是可以回乡，而是要执行更盛大的事。关乎天下人的福祉与未来，甚至是性命攸关的。即，他幼年被选入各大寺行修的根本原因是他实乃五世达赖喇嘛的转生灵童。如今五世达赖喇嘛已经圆寂，他即是当今的六世达赖喇嘛。

关于这一切，他却从来不知。早年第巴桑杰嘉措便下达了命令，"此事与政教大业攸关，必须严加保密"。于是直到他被拥迎上马离开的这一日，仓央嘉措方才知道这一切真相。方才知晓，自己将成为当今的活佛，六世达赖。

就如何迎请灵童来拉萨并公开五世达赖喇嘛圆寂一事，第巴桑杰嘉措与格鲁派高僧以及心腹曲吉等人聚集在大灵塔——宗喀巴像前，诚心祷告，敬问卜神。最后确定下的迎请时间为藏历火牛年，即公元1697年。具体日期定在藏历十月下旬。并且根据五世达赖与第一任第巴索朗绕登会面的地点，桑杰嘉措决定在聂塘扎西岗举行与仓央嘉措的首次会面礼仪。

是年三月，桑杰嘉措从拉萨派出了卫拉特蒙古军首领扎西嘉措等人作为迎请六世达赖喇嘛仓央嘉措的先遣人员。随后，又从藏军中选派了心腹担任了仓央嘉措一行人的护卫任务。但至此，关于五世达赖喇嘛洛桑嘉措圆寂与六世达赖喇嘛仓央嘉措在民间培养多年的秘密依然只是少数人才知道，还未公之于世。

四月，仓央嘉措从措那启程，踏上了去往拉萨的路途。因秘密尚未完全公开，所以在措那宗并没有举行盛大隆重的欢送仪式。仓央嘉措也只是以灵童身份给前来送行的知情人士一一摸顶，然后再回敬哈达。仅此而已。

彼时，定然无人知道仓央嘉措内心的苦楚。生性沉默如石的少年内心有一种旁人不可察觉的隐忍。他自措那宗街头被拥迎带走之后，缄口对所有人。他那样的聪慧，怎会不懂世事之无常非他一介平素少年可以逆转。当他得知自己被隐瞒十五年的活佛身份之后，更是刹那有了新知。他知道，一切都已经回不去。

九天之后，仓央嘉措一行人抵达浪卡子。浪卡子藏语意为"白色鼻尖"，位于羊卓雍湖的西岸，被称为歌舞之乡。曾是五世达赖喇嘛洛桑嘉措舅父的庄园，五世达赖曾多次在浪卡子讲经。于是，仓央嘉措一行人便在浪卡子暂住了一些时间。

期间，仓央嘉措以灵童身份在浪卡子会见了各大寺庙的活佛。另外仓央嘉措最主要的两位师父曲吉和多巴去了一趟拉萨，向第巴桑杰嘉措汇报了灵童的行程情况，并从拉萨带回了第巴赠送给灵童的衣物、器具。

拉萨方面，桑杰嘉措派近臣主持召集了色拉寺和哲蚌寺的高级首领会议和僧俗官员会议，并在两处同时宣布——五世达赖喇嘛实系观世音菩萨，不受生死的限制，但为显示人的寿命为百岁之限，已于水狗年圆寂。如今五世达赖喇嘛的灵童不仅已降临人世，且将在燃灯节（藏历十月二十五日）迎请登临无畏雄狮宝座之上。吾等要排除一切悲痛，庆贺登位典礼。并传达了记述六世达赖喇嘛转世情况的《悦耳妙音》。

至此，关于五世达赖喇嘛洛桑嘉措圆寂与六世达赖喇嘛仓央嘉措在民间培养多年的秘密公之于世。

后来，为了给灵童授沙弥戒，桑杰嘉措派近侍前去札什伦布寺迎请了五世班禅额尔德尼洛桑益西。五世班禅一行人抵达浪卡子之后，当地政府举行了盛大的接风仪式。康熙三十六年九月初七，灵童仓央嘉措便在浪卡子的丹增颇章宫会见了五世班禅，然后在各大寺高僧面前，由五世班禅为灵童剃度出家，授沙弥戒，取法名为"洛桑仁钦仓央嘉措"，意为"梵音海"。

转世灵童入寺院之后，一定要受沙弥戒，这是梵文（印度文）的音译，藏语称"格慈"。汉文有释义为"求寂者"，也有译成"忽慈""勤策"。受这种戒以表示愿意接受修持，过寺院生活，主要以儿童为主，因年龄小，所以沙弥戒的等级小。一般来说，受沙弥戒当在七岁，但仓央嘉措直到十五岁这一年才能公开身份受戒。他这一生注定是殊胜的。

不知当时十五岁的仓央嘉措的内心会做何感想。面对陌生的新天地，自己是否有能量可以将周身人事操持得熨帖有序，他不知。这一世，他是否还能有机会再回到措那宗，去看望他的仁增旺姆。

在后来的庆典之上，五世班禅与仓央嘉措互赠了礼物。包括哈达、释迦牟尼佛像、金塔、金曼札、金瓶、法衣、白玉茶碗、念珠以及经书等。继而又进行了一系列的佛事活动。在诸多仪式结束之后，五世班禅与仓央嘉措一行人重新启程，离开了浪卡子，踏上去往拉萨的最后一段路途。

临行那日，浪卡子当地百姓煨桑、诵经，鼓号齐鸣、旗幡林立。在札什伦布寺管家的引香带领下，迎请灵童的马队终于缓缓上路。

在抵达拉萨之前，最后一次停留是在当年五世达赖喇嘛洛桑嘉措居住过的聂塘扎西岗。同时，按照之前卜问的结果，第巴桑杰嘉措也开始从拉萨启程，前往聂塘扎西岗准备迎接仓央嘉措。哲蚌寺的仪仗队以及康熙帝的使臣章嘉呼图克图及扎萨克喇嘛等也带领百余人前来聂塘扎西岗迎接仓央嘉措一行。

几日后，桑杰嘉措引领仓央嘉措一行人终于抵达圣域拉萨，来到了雄伟的布达拉宫前。那是仓央嘉措第一次看到这座荣光罩顶的神圣殿宇。内心惊动不可言说，仿佛这一见，似有新的光照进他的生命，有一种新生的欢愉和庄重。他虽尚不能确知这一生是否真要如斯度过，却亦仿佛冥冥中预感到自己也许真的只能属于这里。

之后，仓央嘉措来到布达拉宫的西平措大殿，经过消灾、驱邪、沐浴等仪轨后，登上无畏宝座，举行了最为隆重的活佛坐床典礼。此时，由康熙帝派遣的使臣章嘉呼图克图呈献了皇帝封诰、贺礼和敕书，并授予封文，正式认定仓央嘉措为"第六世达赖喇嘛"。

为卿憔悴欲成尘

倾谈四

16 | 圣域：拉萨·布达拉

拉萨是一座迷城。

它是深阔的，静远的，静谧的。

它是一块净土，一片圣域。陌生，杳渺，不可及。

初到拉萨时，仓央嘉措是一只雏鹰，尚未退尽犀利神气，便在冥冥中被什么指引着落在了这一片雪域圣地。他也不知，一切是否果真妥当。但大抵是没有违背命理路数的。所谓注定的道理便就在这里。

布达拉宫日光殿。物是人非。他立在日光里，看宫下人群来往，车马逶巡。一切都是恍惚的，如梦似幻，真假难辨。富丽至极的宫殿里，他的落寞却无所遁形。他是活佛，生活里处处被照顾得细致入微，亦可谓锦衣玉食。但他却深知，这不是他内心的向往。只是遗憾，彼时太年轻，他对自己的命途尚无足够的掌控力。

坐床入定布达拉宫之后，仓央嘉措的日常生活变得井然。平时最主要的事情便是跟随五世班禅额尔德尼洛桑益西等高僧大德学习

《根本咒》《供咒经》《续说》《生满诚》《菩提道广略教诫》等佛教经典，所学内容不分派别，涉猎极广。

桑杰嘉措还亲自讲授梵文音韵知识，且桑杰嘉措本人"博学并精通五明医药及历算等著述颇多"，对教育仓央嘉措起到了非常良好的促动作用。在桑杰嘉措与众经师的监督下，仓央嘉措的佛学修养日益精进。

这一些都是葱盛的表象。仓央嘉措深入骨髓的寂寞无人洞晓，内心的细微痛感无人问津。抑或者他生来就失去了品味人间烟火的资格。

他时常站立在窗边，往外看，往下望。路人络绎的道路上是他曾经熟悉的热闹人情，此刻却断然与之失去了关联，仿佛世上的生机都是与他无关的。却又分明时刻被告知他要为世人谋福祉。静阔的布达拉宫在仓央嘉措的眼中，日益变得狭仄，直到他将它当成不过方寸的金色囹圄。

偶尔，他也会在人群里看到似曾相识的背影。清窈、瘦小。像极了被安放在他内心深处的女子。如是时刻，他总是会叹口气，令侍从变得紧张却亦无能为力不敢妄发一言。而这些，他亦不知能与谁说。是的，无人说，不可说。他只是惶惑，要如何才能将心底零星落下的细碎温暖拼凑一张完整的脸，一帧清晰的画面。

仓央嘉措彻底失去了与仁增旺姆的联系。桑杰嘉措断绝了他的烟尘来路，一切的过往都幻灭成空。未及相依已相离。这不是他曾经可以预料到的。

我们从小相聚，

犹如鹰蛋拢集。
但愿永不变心，
一起飞回门隅。

他想起来这首萨玛酒歌。大约这一些念想只能存在于梦中、幻觉里了，他想。今夕何夕，再见时，亦不知日可是那日，月是否依然。有一些人注定是要错过的。彼此的生命路数命定只有短暂的交会，仓央嘉措与仁增旺姆便是如此。

没有人告诉仓央嘉措那一头的仁增旺姆所受的感情煎熬。那是噬骨的。即便她从一开始就隐隐知道这个殊胜的少年自己是难能留守的。

在仓央嘉措不告而别莫名离去之后，姨母探来消息说，仓央嘉措将去往拉萨。仁增旺姆不解，百般逼问之下，才见姨母惶恐地说出真相。他竟是前世活佛转生的灵童，是神圣不可亵渎的。原本姨母以为她会有一场歇斯底里的释放。却不料她只是沉默，然后嘴角缓缓上扬，转身向街心走去。她始终记得他离开的前一夜做的梦——他是万人膜拜的王，莲花座上，一目万里。

姨母看得清楚，分明在仁增旺姆转身离开的刹那，有泪从她的眼角流出。她是何时变成一个隐忍如是的女子。无人知。

自那以后，在仁增旺姆的内心，再无任何人事能激起微澜。她仿佛是冰了心的美人，穿梭在人群里，安稳度日。她将所有的情绪都抑制在内心深处，从不表露。只是在姨母偶尔试探性的关切之下，才会道一句好，让姨母安心。

那一年让她一生改变。但又是谁让她的那一年改变。仁增旺姆时常在夜深无人静谧无声的时分无法自持地想起他。她自然不是故意，更不再半分奢求，只是她依然会情不自禁地想知道，远在拉萨，万人之上的他，是否也会在这样的时刻念及这一处的人，这一处的光阴温柔，这一处的好。

如果离散之后，依然彼此挂牵。这到底是好，还是不好。曾经，也是浓烈欣悦的人，却不料此时却是被孤独荼毒的落寞人。仁增旺姆如此，仓央嘉措亦是。而这样的日子，他们一过就是三年。

17 | 囚鸟：迷雾·金图圄

三年之后。

仓央嘉措十八岁。

这一年，他第一次梦到死亡。万人敬仰的活佛身体里除了灵慧的佛光之外，始终住着一个俊逸热血的男子。如是，仓央嘉措终于渐渐觉知到一些不安。这不安是生活里的规矩和教条带来的。

那年，他被拥迎回拉萨，无力抵抗的时候也曾服软认命。觉得这一生，大约的确不是他凭一己之力可以更改的。于是起初，即便他内心有万千不愿，却也到底是安稳端肃地听从第巴的安排，平顺地度了过来。

他甚至也想，吾乃无上活佛，要为天下人谋福。他的确是有过念想的，要作为一番，追随前生五世达赖喇嘛洛桑嘉措的足迹。如若可以，他也真心愿意将这一生挥洒，献给天下生灵，做一回至上的人。但一切都被掌控在第巴桑杰嘉措的手中。而他却如金笼囚鸟，日渐乏力。他陷入了一个孤寂深渊。

他时常会在午夜梦回的时候忆及幼年的事。那一些动听的歌谣与素朴的人情。是，达旺的每个人都是情意单纯的人。那是他最为单纯洁净温柔的过往。如斯静默回想，是他这三年里唯一可以获得世俗感的时分。那是一种饱满的、热切的、温暖的感知。

他记得幼年时父亲扎西丹增曾经教过自己一首萨玛酒歌，叫做《萨玛·长虹山》。那是一首感情热烈、执著并且笃定的歌。唱出了门巴人内心的热望。

> 白云缥缈中的长虹山，
> 我从长虹山上仰天看：
> 清楚看见天界佛的宫殿。
> 仁慈的玉佛高坐莲台，
> 施善的菩萨颔首金垫，
> 虔敬的弟子左右立站。
> 这是谁规定的坐法呀，
> 难道是天界佛的法典？
>
> 白雪皑皑中的长虹山，
> 我从长虹山上仰天看：
> 清楚看见中界"赞"的宫殿。
> 那些大的"赞"危坐高坛，
> 那些中的"赞"侧坐玉垫。
> 那些小的"赞"排排立站。
> 这是谁规定的坐法呀，
> 难道是中界"赞"的法典？

家乡深谷里的长虹山，

我从长虹山上四面看：

清楚看见黑头人的宫殿。

尊贵的老爷端坐高台，

威严的管家盘膝獐垫，

卑微的下人躬身立站。

这是谁规定的坐法呀，

难道是人间"权"的法典？

歌的第二节里反复出了一个"赞"字，其含义简单，是指精怪。在佛教中讲，佛居住在天界，"赞"居住在中界。所以为"赞"是根据藏语音译而来。仓央嘉措依然可以清晰记得父亲唱这首歌时面上端肃慈穆的表情。父亲告诉仓央嘉措，人并无等级之分，众生皆平等，切勿以容貌、财物、智慧将人分为三六九等。这不是对个体的人不尊，而是对生命不敬。这样做的人本质是为恶，必将遭受恶的业报。

父亲扎西丹增在仓央嘉措的心里是充满智慧的。他觉得自己的慧根是父亲植下的，以为父亲是自己真正的慧源所在。扎西丹增虽然为人忠实静穆，甚至看似木讷，实则是大智慧。他不仅对佛法有殊胜的领悟，亦生得一副好嗓子。时常唱歌给仓央嘉措听。那是他与父亲之间最欢悦的交会。

幼年时门隅老家曾几次重建。原本是一件厚重疲累的事，在扎西丹增的手下，却有一番趣味在。似乎，只有扎西丹增才知道如何将一件冗杂的事变得温柔熨帖。仓央嘉措记得，每次重建屋舍，父亲总会哼起那首流传颇广的《萨玛·建屋歌》。

我的房屋啊胜过宫殿，

基石深埋地下，
坚固牢实如同铁铸一般。
多壮观啊，
多欢乐啊，
多壮观啊，
多舒畅啊，
多壮观啊，
欢乐和舒畅充满房间，
胜过恩慈父母的怀抱。

我的房屋啊胜过宫殿，
檐角钟铃垂挂，
风动铃响如同歌声一般。
多壮观啊，
多欢乐啊，
多壮观啊，
多舒畅啊，
欢乐和舒畅充满房间，
胜过恩慈父母的怀抱。

我的房屋啊胜过宫殿，
窗户明亮灿烂，
日光月华如同金灯高悬。
多壮观啊，
多欢乐啊，
多壮观啊，
多舒畅啊，
多壮观啊，

欢乐和舒畅充满房间，
胜过恩慈父母的怀抱。

我的房屋啊胜过宫殿，
栋梁选自高山，
横架屋顶如同巨象躺卧。
多壮观啊，
多欢乐啊，
多壮观啊，
多舒畅啊，
多壮观啊，
欢乐和舒畅充满房间，
胜过恩慈父母的怀抱。

我的房屋啊胜过宫殿，
木椽选自深谷，
搭放天棚如同金鱼排列。
多壮观啊，
多欢乐啊，
多壮观啊，
多舒畅啊，
多壮观啊，
欢乐和舒畅充满房间，
胜过恩慈父母的怀抱。

我的房屋啊胜过宫殿，
"坚村"直扦云汉，
金制尖顶如同勾星挑月。

多壮观啊，

多欢乐啊，

多壮观啊，

多舒畅啊，

多壮观啊，

欢乐和舒畅充满房间，

胜过恩慈父母的怀抱。

"甲喂"，一二三四，"顿"。

"甲喂"，一二三四，"顿"。

一二三四。

一二三。

一二三。

一二三。

　　所谓"坚村"即是指经幡胜幢。至于最后一节都是一些藏民的劳动呼号。即便是如此粗简的口号，仓央嘉措亦是记得一清二楚。这一些良暖记忆成为仓央嘉措当下生活仅有的调剂。如是再三，他便有了困惑。回忆本身即是虚无的，意识即幻觉。这困惑便就是幻觉所致。

　　他对三年如一日的单调生活产生了质疑。因他觉得自己并没有为任何人谋下一丝切实的福祉。一切都是妄谈。他心有不甘。但面对困惑，颠覆所有并不是勇气。有时，担当比颠覆更显坚毅。仓央嘉措明白这个道理，于是他依旧在这三年里操持内心，行修不止。他亦希望所有芜杂都渐次消淡直至熄灭，但是不可得。

　　第巴桑杰嘉措对仓央嘉措过于严格，并不知道松弛有度方才是育人良策。桑杰嘉措大约是被拥堵的往事蒙蔽了眼，做出了一些并不稳妥的决策，包括对未成年的活佛的教育方式。他对仓央嘉措所有的经师都进行了严厉指示，命众僧务必带给仓央嘉措最好的教育，最深广的学识。同时他自己也会亲自为仓央嘉措授课，为其讲述佛教经典，并严格督查师生的课业。若上师们稍有懈怠，则定将遭受摄政王第巴的责罚。

在如此重压之下，他一再错失了在生命历程里豁然开悟的因缘。

18 | 绝离：错生·别处花

有一些人，有一些事，注定是无法忘却的。
三年里，仓央嘉措从未忘记她。
温柔淑慧的仁增旺姆。

相传仓央嘉措童年时曾有一名亲如手足的男伴。在高平的小说《六世达赖喇嘛仓央嘉措》中，男伴有了一个名号，被取名为刚祖。是一个气场十分质朴笃定刚性十足的名字。既有一个虚构的名号在前，姑且也引将至此，代为描述。

虽然刚祖与仓央嘉措亲如手足，但在仓央嘉措从家乡被带走之后，二人便再没有相见。在仓央嘉措十八岁这一年，某一个风和日丽的下午，隔了十多年的他们，竟又再见。这大约就是命运的玄妙之处了。即便再见时，昔日兄弟竟已陌路，无法轻易将彼此辨识出。

庆幸缘太深，一番交错之后，终究得以相认。一个佛爷一个屠户。两人却在隔了千山万水十多年的光阴之后，重逢于红山脚下。

那一日，仓央嘉措得到第巴应允，换了便装来山下游乐。在宫内憋闷太久，内心日渐潮湿，就连念经诵佛已然失去静定的效用。仓央嘉措对桑杰嘉措叙说这些情绪的时候是严肃默穆的，神色话语都异常坚定。到底是佛爷，即便第巴再如何控制，也不能太不敬。如此，桑杰嘉措便也只好应了仓央嘉措的意见，允其下山稍做游乐。

于是他遇见了刚祖。刚祖是要入宫去找佛爷。仓央嘉措被选作灵童成了佛爷的事情在家乡早已传遍。刚祖自然也有所耳闻。在自己的双亲也相继离世之后，刚祖受父亲临终所托，要将仓央嘉措的母亲次拉旺姆生前交给自己保管的所有家底转交佛爷。

不过一些碎银，对于今日的佛爷来说，已然不足挂齿。但刚祖一家人淳朴善美如斯。绝不能辜负仓央嘉措先母的信任，历经艰险也誓死要将这一些碎银交付到佛爷的手中。

只是旧时等级观念过重，即便刚祖跋山涉水耗尽心力来到布达拉宫前，也绝然没有办法能够入内。于是几番辗转，刚祖终于放弃，转身准备离去。却不料在红山脚下遇到了着便装难得出游的佛爷。这是难寻的矜贵机缘。他们之间的牵绊果真始终都在。少时的兄弟往往能够牵绊一生。

两人相遇，本来只是蜻蜓点水似的交谈了几句。但刚祖却提到了佛爷。于是一切便都有了转机。刚祖从来不曾料到流离追寻近百日的佛爷，近在咫尺，不期然地遇见了。年少的兄弟，在此一刻竟不得不分出了尊卑。这绝然不是仓央嘉措想要的。活佛的身体让他失去的已经太多。双亲，仁增旺姆，童年，兄弟。一切人间温情都弃离而去。不可得。

后来，在仓央嘉措的引领下，刚祖方才得以入了布达拉宫。那是身为贫苦屠户的刚祖所不曾奢望观摩的天外之地。此时，却历历在眼前。

几番倾谈之后，仓央嘉措便想起来一件事需要刚祖帮忙。在刚祖到来之前，仓央嘉措曾数次想与仁增旺姆取得联系，但桑杰嘉措眼线遍布，周身的人都是第巴的心腹。仓央嘉措的一举一动都在桑杰嘉措的掌控之中，寻找仁增旺姆的事情自然不会有半分的进展。

但是这一回，不再一样。仓央嘉措有了亲如手足肝胆相照的人。在刚祖心中，别说为佛爷寻找一名女子，纵然是入魔窟鬼穴，他也定然是万死不辞的。如今在这世上，刚祖只有仓央嘉措这一处不是亲人胜似亲人的牵挂了。不多久，刚祖便为仓央嘉措去了一趟措那宗。

那一处。仁增旺姆正与姨母商议婚嫁之事。是，她要嫁了。嫁去措那宗的东北方。她想，如若这般，大约佛爷就能安心为天下人谋福祉了。她不是不爱了，她只是到底觉悟了一件事，那就是她不能再爱，不敢再爱，不可以再爱了。

在仓央嘉措离开之后，流言便传开了。有人见过仓央嘉措来找仁增旺姆，于是好事者自然不会放掉如此绝佳的机会，定然是要在这上面大做文章的。因此，蜚语不止。起初，仁增旺姆也只是想做一个冷暖自知的清定女子，只为他日夜掌灯祈福就好。她以为自己真的可以洒然不顾周身的一切。

但最后，她意识到了问题的严重性。她想，自己是卑微女子，声名远不如他重要。她以为不管不顾是勇气，其实不然，真正的凛冽是让他去后的身后之事简淡无暇，她不能因为自己给他在民间留下话柄。所以这一日，她终于决定，远嫁。用半生余力换他一日清宁。

当刚祖赶到措那宗按照仓央嘉措的指示找到仁增旺姆姨母的店铺时，大门紧闭，仿佛是某一种与门外热闹喧嚷的隔绝。刚祖不知情形，便抬手敲门。几声唤后，听内屋有窸窣的脚步声，这才让刚祖的心落定，知道并不是家中无人或者已无迹可寻。

只是刚祖没有料到开门的是个鬓如霜的女子。仁增旺姆的姨母。待刚祖说明来意之后，只听面前的这苍老女子失声痛哭。因她终于盼来了仓央嘉措的消息。她哭，只因她知仁增旺姆的辛酸日子总算没有白过。后来刚祖才知道，原来几日之前，仁增旺姆已经被娶亲的队伍接走。那是仓央嘉措不会寻到的僻静村落。

仁增旺姆只是想，如若果真可以，那么不如在他不得见的隐秘角落寻一名实朴的男子清淡过完余生。与人与世，皆无争。也还他行修道上的一片清净。

当刚祖回到拉萨将这一切告知仓央嘉措时，他正盘腿端坐在日光里。周身是一片清素的影。有微风掠过，越过他的袈裟，穿入他的身体里。刚祖匍匐在他身后，低声转述了坎坷的所有，一字一句，滞顿有力。他却仿佛只字未闻，沉默始终。

良久，他亦只是将刚祖从家乡带来的碎银交还给他，然后建议他在拉萨的八廓街上开一间店铺，如此，足以用来谋生。这是佛爷的意旨，刚祖听入心底，自不会违背。只是刚祖不解，崇高的六世，内心是否已然了愿。一切都是谜。无人知其根柢深意。

19 | 迷失：爱遇 · 女儿红

深静表象大抵是风暴的前兆。
在彻底失去仁增旺姆之后，他的灵魂被氤染了颜色。

最具备力量的蜕变总是无声无息的。在暗处悄然进行的。至于仓央嘉措，在得知仁增旺姆别嫁的消息之后，便陷入了一个巨大的黑色旋涡之中。生性隐忍的人一旦穷途末路或者思想受阻势必会走入荒芜之境，姿态孤绝。这是他彻悟成佛前命定的劫数。

多日的沉默不语，令身边的侍从寝食难安。他们不知伟大的佛爷内心所想为何、所念为何、所忧郁为何。如若传到第巴的耳朵里说他们怠慢了佛爷，那势必躲不过一场杀身之祸。终于某日午后，侍从胆怯地开了口，匍匐倒地唤了几声"佛爷"。

仓央嘉措素来懂得体恤下人。他自然也懂得侍从兀自跪拜在地唤自己的原因。于是，他便觉得，一切都到了应当有所转向的时候了。即便不是决断，不够彻底。但一切都有了不同。

致使仓央嘉措变化的因素当中，除了仁增旺姆别嫁之外，还有一个非常重要的原因。即是第巴对仓央嘉措政治上的严厉控制令仓央嘉措对自己活佛身份背后的价值与意义产生了再三的质疑。他觉得，自己已经日渐成为了一个傀儡，从未为天下人做下一件实事。这是仓央嘉措不能容忍和接受的。

前生五世达赖喇嘛洛桑嘉措十六岁便已参与政事，但此时的六世达赖喇嘛仓央嘉措已经十八岁，却依旧被力量强大的第巴所限制，并且没有丝毫抵抗之力。如是，仓央嘉措陷入了一个从未有过的孤绝境地。他是委屈的。

如此情形之下，他唯一可以做的，是改变甚至颠覆、损毁自己。这是他人生当中晦暗至极的一段时期。他开始以一己之力向世人揭露，人心的真相。

在刻意与侍从隔绝一段时间之后，再见时，仓央嘉措已与先前判若两人。他蓄了发，脱了僧袍袈裟，换上了细氆氇长袍，蓝绸子腰带，高筒牛皮靴，甚至带了松耳宝石。这一切，看在侍从眼中，都似天方夜谭。

侍从原本也是第巴的眼线，但这一回，仓央嘉措第一次以六世活佛的身份警告侍从，日后他所有的一切都要誓死保密，绝不能外泄。第巴那里，依旧按照往日的习惯汇报，不能出半点差错。到底是活佛，一旦做出决定，亦是威严震震。当日，仓央嘉措便从布达拉宫隐秘的侧门出了宫。化名，宕桑旺波。

自这一日起，仓央嘉措的活佛生涯有了转折。谁也不曾想，庄重的六世达赖也将过一段凛然又缱绻的生活。

拉萨，日光倾城。这里的热闹人情不同于措那宗，热烈之余有一种腼腆，是细水长流的。仓央嘉措第一次独自来到拉萨城里逛荡。有一种从未有过的悦然和欣快。他第一次觉得自己体会到了生之曼妙多彩和人间声色。这是闭塞在布达拉宫里绝不会领悟到的。是无法透过经文被传达的。

据载，仓央嘉措除了初恋仁增旺姆之外，在拉萨还曾有两段刻骨铭心的爱。其中之一便是仓央嘉措即将遇到的达娃卓玛。只是他们之间的爱转瞬即逝，仿若流星。纵然如此短瞬，亦是深入骨血的。

在西藏有一首家喻户晓的民歌，歌词大意如下：

> 请不要再说琼结琼结，
> 它让我想起达娃卓玛，
> 达娃卓玛，我心中的恋人，
> 难忘你仙女般的姿容，
> 更难忘你迷人心魄的眼睛。

达娃卓玛在传说里是一个美人，与仓央嘉措的初恋情人仁增旺姆有几分神似。因为传说里达娃卓玛美丽淑慧，于是这个名字也就有了温良和柔善的意味。许多西藏女子都愿意为自己取相近的名字。

布达拉宫座下红山脚下有一座园林叫做龙王潭。龙王潭依山而建，布局灵活。于是四周的围墙是不规则的，十分奇巧。龙王潭内的潭水坑形成于五世达赖喇嘛洛桑嘉措重建布达拉宫时。因当时修建宫殿需从山脚大量取土，于是形成了巨大的潭水坑。至于龙王潭这整座园林则初建于六世达赖仓央嘉措时期。

龙王潭内自有一弯龙王潭，潭水中央有一座孤岛，岛上筑有楼阁。连接孤岛和陆地的是一座五孔石拱桥。岛上及潭水四周林木葱茂，碧色蜿蜒。

在拉萨城独自游观数日，仓央嘉措便结识了许多青年男女。他骨子里毕竟是风流偶傥的男子，他到底还是置身繁春流景之中，方才显露出一些生气。不久，仓央嘉措便邀集了拉萨城里他新结识的男女聚于龙王潭。歌唱，跳舞，饮酒。达旦畅欢。

如此盛大场面，如此煊赫之地，竟无一人怀疑仓央嘉措的身份。都是一些洒然的人。仓央嘉措觉得，只有如此这般的人，才真正能够知悟生的真理。没有俗世生活和声色过往，一切行修都是空中楼阁。没有根基，毫无质感。

是夜，清风摇漾。仓央嘉措执一壶酒独坐在角落看那鼎沸的人景。酒这样东西是仓央嘉措逡巡凡世遭遇到的最美好的事物。他不知，这世上竟有如此令人愉悦的东西。只一口，便觉无限温柔，如入梦境。也不过一壶酒罢，他忽闻一声悠扬。再细听，是位女子在歌唱。

循声而去，惊艳了心。只见她倾国颜色倾城姿，淑然立在人群中央吟唱。所有的人都向她围拢，彼一时，她出落得美艳无双。她就是达娃卓玛。

在这之前，他从未发现她。她亦不知人群里竟有如此玉树临风的男子，俊雅高贵却不失清朴本色。如此难得。就这样，她立在人群中央，世界如无物，然后他从遥远的暗处渐渐显现，愈来愈近。直至将她握在手心。就是这样两个艳绝的人。

只可惜，这二人的感情，还没有来得及开始，便已结束。次日，仓央嘉措邀集城中男女歌舞欢宴的事传入第巴桑杰嘉措的耳中，达娃卓玛更是以勾引佛爷的恶名被第巴记住。于是，第巴在与蒙古和硕特部的紧张对峙局势下，再一次将注意力集中到了被他冷落许久的仓央嘉措身上。只是，这一回的注目让仓央嘉措彻底失去了还未曾拥有的达娃卓玛。

　　也听说，达娃卓玛并未被第巴暗中杀害，而是遣送到了遥远山村，嫁与樵夫为妻，过了几年清淡如水的温常日子。不知，那几年，她是否会偶然想起，那个她与仓央嘉措秉烛夜歌的晚上。

20 | 肆爱：欢情·八廓街

在失去了达娃卓玛后的很长一段时间里，仓央嘉措都处于貌合神离精神崩溃的边缘。

他天生即是深情的人，即便那情谊不过只有一眨眼、一顿足、一抬手、一回眸的时间，也是足以将他溺毙的。

于是，有一些失去，之于他，势必痛如刀剐。只是第巴依旧强大，抑郁难捱的时分，他唯一的出路依旧只是化名出宫。

在拉萨城里有一条街，叫做八廓街。也叫八角街。这条街位于拉萨市的旧城区，是拉萨最著名的转经道和商业中心，相对较完整地保存了拉萨古城的传统面貌和居住方式。八廓街的原街道只是单一围绕大昭寺的转经道，被藏民称为"圣路"。后来逐渐扩展为围绕大昭寺周围的大片旧式老街区。

在今拉萨城八廓街的东南角，有一排黄房子。那便是知名的玛吉阿米酒馆。八廓街的建筑大都是白色的，只有玛吉阿米酒馆是一栋两层的涂满黄色颜料的小楼。如今，它已成为一个颇具文艺气质的酒吧。虽然内里陈设与别的差异不大，但它的墙壁四周贴满了旅人的绘画和摄影作品。也有别致的陈列架，摆放了许多当地的手工艺品。精致的书架上放有弗兰茨·卡夫卡和托马斯·艾略特等人的外版图书。相传这间酒馆便是当年六世达赖喇嘛仓央嘉措与恋人玛吉阿米约会诉情的地方。

人与人之间一切的际遇都有一种不可思议。大千世界，相遇的偏偏就是你二人。这即是所谓命运。

那一日，他独自一人流连在拉萨街头许久，将近日暮时分方才有了些微倦意。正欲寻一处清静处所休憩片刻，一个侧身就看到这酒馆。当年它还不叫玛吉阿米酒馆，玛吉阿米的名号是后世为了纪念仓央嘉措与玛吉阿米这段倾城绝恋重新定下的名字。

酒馆里人声鼎沸，喧嚷不止。他起先也不曾有半分奢望，也只是想如若能够在这小酒馆的热闹里讨得一丝暖，便罢。他穿过人群在最幽闭的角落坐定，叫了两壶酒，自斟自饮。

有一些人即便低到尘埃里，依旧能够开出花来。总是惹人注目的，无论喧嚣或者沉默。仓央嘉措就是这样的人。不多久，店主便过来与他搭话。独自来酒馆喝酒的男人总有一种忧郁气质。爱里来回的人，都会在言行举止甚至一个眼神交会的瞬间便泄露全部的秘密。深谙人情世故的店主一眼便看出仓央嘉措的症结所在。

他与达娃卓玛，不过只是在错误的时间相遇罢了。月尚有缺，这浊重的人世，又岂能圆满。仓央嘉措不是不懂这道理。与店主来回几番交谈，竟真茅塞顿开，将这内中真意想了明白。所以他愈加确信，经文上的道理有时并不如人情世故的经验有效。

话说至此，恰巧有一妙龄女子来酒馆打酒。是时，仓央嘉措正微醺。一个抬眼，女子如杨花入目，芬芳尤甚。再一细看，竟被他看出几分仁增旺姆的神，达娃卓玛的态。天下竟有如此令人心暖的女子。只一眼，便觉温柔无限。仿佛前生就擦肩，或者遇见。是，她便是令他牵动一生的，玛吉阿米。

　　初见，她便已入了他的眼。只是她全然不知。因玛吉阿米常为阿爸来打酒，所以酒店老板与她早已熟识。后来仓央嘉措正式托酒馆老板介绍，方才有机缘与她直面相对，倾吐良言。

　　因为玛吉阿米太出众，追慕她的男子自不在少数，只是时日渐长，她总能一眼洞穿他们的短处和在爱情当中的功利心。这是她所不能容忍的人。执著自己爱情理想的人，要么孤寡一生，要么成就传奇。庆幸她和仓央嘉措属于第二种。

　　与仓央嘉措几次交谈之后，玛吉阿米便觉得这男子自有一种非凡气宇。是她从未遇到过的。他是一片她从未涉足过的领域，遍布湿润的芬芳。如果不是他太深邃，那便是他太洁净。因为，玛吉阿米始终无法从他的身上窥探出半分乖张和戾气。于是，玛吉阿米也知道，他是百世难遇的良人。

　　而在仓央嘉措的爱情当中，他所需要的也正是一名内心清灵以爱为梦想的女子。如玛吉阿米。能够常伴相依，相爱无暇。不为别的任何人情事物所负累。天地之间，只要清然携手的一双人就好。

　　彼时，他与达娃卓玛的相处太喧嚣，纵然只一夜，也势必要惹出乱子的。仓央嘉措自知罪过，心里对达娃卓玛也不曾有半分怨怼。

在拉萨，连他自己都无法与第巴抗衡，又何况是她一名弱女子。所以，这一回他决定，委曲求全。退到原本低微的位置，只要能保全玛吉阿米，能让彼此之间的情爱之花盛开就好。即便是在暗处。

　　与玛吉阿米的交往，从始至终都是清柔绵绵的。一切都仿佛水到渠成，没有丝毫的不妥。只是日子一久，两人便只能在无人深夜幽会。再不能明目张胆，把爱送葬。

此生虽短意缠绵

21 | 暗兽：玄机·拉藏汗

　　自仓央嘉措坐床以后，西藏社会内外动荡纷乱，各种矛盾日趋尖锐。尽管五世达赖喇嘛洛桑嘉措圆寂的消息被宣布后，立即举行了六世达赖喇嘛仓央嘉措的坐床仪式，但这还是对西藏的蒙藏僧俗要员产生了较大的影响。特别是蒙古族上层开始出现了争权夺利的内讧现象。

　　公元 1700 年，驻守西藏的蒙古和硕特部首领丹增达赖汗的去世，加剧了西藏政局动荡。次年，也就是公元 1701 年，蒙古和硕特部首领的位置由拉藏王子继任。他便是后来将第巴桑杰嘉措和六世达赖仓央嘉措置于死地的拉藏汗。

　　拉藏汗是一名极具政治头脑、心狠歹毒并且孤傲决绝的政治家。在拉藏汗承袭父王丹增达赖汗的职位后，一心想取代格鲁派在西藏的政治影响，独揽大权。于是，他上台之后便想方设法插手格鲁派内部事务。甚至提议拥戴新的达赖喇嘛，也因此与第巴桑杰嘉措交恶，并且矛盾日趋尖锐。虽然经多方调解，但双方终因各自争权夺利而无法和解。

在桑杰嘉措将五世达赖圆寂秘不发丧的事情被告发之后，虽然康熙帝顾全大局没有深究，甚至亲派章嘉呼图克图赴藏参加了六世达赖仓央嘉措的坐床庆典，但桑杰嘉措在康熙帝面前已然失去了宠信。加上桑杰嘉措在康熙帝平准噶尔部叛乱过程几番假意调和实则暗中鼓动，令康熙帝对桑杰嘉措心生芥蒂。

那日，仓央嘉措正欲出门与玛吉阿米夜会，却突然被侍从唤住。原来是第巴通知仓央嘉措去参加拉藏汗的继位仪式。于是仓央嘉措只有顿住，再转回身来。他知道自己不能逞一时之快，生出事端。因此，再三权衡之后，他决定赴约。

那是他第一次见到拉藏汗。他端坐在最高处，俯视众人。拉藏汗和第巴桑杰嘉措在人群里始终是鹤立的。他们都是身材伟岸的男子，眉宇之间有一股不可遏制的霸气在。都是如此性烈的男子。看过去，这样的两个男人仿佛注定是不能共存的。

民间也有关于这二人的流言。所有的故事也大抵都是关乎男女欢爱的。相传多年前，拉藏王子和桑杰嘉措曾爱过同一名女子。如此意兴阑珊的事偏偏就发生在如此热血的两人身上。

在桑杰嘉措遇到她的时候，她还是清水芙蓉般的小女子。正是她不染尘的气质令桑杰嘉措一见倾心。后来，便常有人见到两人在拉萨街头流连，模样恩爱。看过去，郎才女貌，颇为养眼。

所有人初相爱时，总是充满希望。仿佛与彼此相关的一切都是有光的。如此这样，势必因沉堕而迷惘。于是，情到浓时情转薄。两人有那么一段时间，彼此略微疏离。正值此时，女方家里提出婚嫁的事,恰巧五世达赖喇嘛洛桑嘉措亦在此时与桑杰嘉措再三倾谈,欲提拔他为西藏的摄政王第巴。因此,桑杰嘉措便对女子说,待继任第巴之日,方可娶她为妻。

原本应是一句温柔承诺,在女子听来,却分明有一种疏离的意味。她理解成了桑杰嘉措是在婉拒自己的婚嫁要求。人心向来难测。如果没有一颗明媚之心,凡事总要多些曲折。

在女方以为桑杰嘉措婉拒婚事之后便迅速将她嫁予了暗慕她多年的拉藏王子。只是娶亲当日,拉藏王子听到传言,说女子早已不洁,不过只是桑杰嘉措遗弃的残花一朵。这消息原本只可当做离谱的传闻一笑而过。但拉藏王子生性暴烈,心胸狭隘。纵然知传闻不可当真,却始终对此如鲠在喉。进而演变为对桑杰嘉措的莫名仇视。

这大约是后来拉藏汗掀起政变的一个最风月亦是最浪漫的解释。只是素来乐于将历史罪责和过错归咎于莫须有的女子身上,实在不是风雅之举。

拉藏王子的继任仪式十分盛大。这一切在仓央嘉措眼里却只是过眼烟云。彼时,仓央嘉措执信,这世上,如若能有一样东西能够永远,那便是爱。但他却不知,即便是爱,也有天亡的一天。彼时,一切表象都是静定的。没有人知道,这场仪式的背后酝酿着多么重大的灾变。宾客相待的桑杰嘉措与拉藏王子,一转身,便将铸就另一番云谲波诡的惊动。

忽然。一个醒神,仓央嘉措听到庆典上被请来助兴的门巴歌者唱着少年熟识的萨玛酒歌,《聚欢》。

智者贤良啊来自四方，
今天欢聚啊同坐一堂；
金子灿烂如太阳般的美，
聚欢之乐胜过金子闪光。

沸腾的方屋啊火烈情浓，
欢乐的太阳啊心中起升；
举觞痛饮吧恩重的双亲，
欢歌起舞吧亲密的友朋。

高举玉觞吧满饮三杯，
放开音喉吧高唱酒歌；
心中的话儿尽意地说，
欢乐的歌儿尽情地唱。

痛饮美酒吧今晚最香，
倾吐心音吧奉献衷肠；
有酒不饮又待何日醉？
有话不说又待何日讲？

良辰美景啊何时能再来？
亲朋挚友啊何地再相聚？
愿今日相聚永不分离，
愿明年今日重逢此地。

22 | 退戒：嗜爱·欢喜禅

爱若有隐瞒，终将波澜四起。

仓央嘉措参加了一场拉藏汗的继位仪式，前后已耽搁数日。再见玛吉阿米时，已消得伊人憔悴。一日不见，如隔绝了多年。纵然如此，她亦是沉默不语，没有丝毫怨怼。这一切被仓央嘉措看在眼里愈觉心疼。如此痴情的女子，世间已不多。

两人相恋后，仓央嘉措为了隐瞒自己的僧人身份，自然不能将玛吉阿米领回宫里。于是两人的约会地点一直都是在仓央嘉措于八廓街上租住的小屋里。仓央嘉措时常会想，如若有一日能还俗，那么，他一定会娶她为妻，生死不离。是夜，他们执手倾谈。好不欢悦。

听他笑唱：

你是檀香色白，
我是檀香色红；
红白檀树交首，

香气更郁更浓。

再听她低吟：

> 你是洁白雪峰，
> 矗立高山之顶；
> 我是洁白狮子，
> 绕着雪峰转行。

好一帧情意欢盛的画面。

只是彼时拉萨政局紧张，拉藏汗和桑杰嘉措都各自暗中操练兵马以应对不定的局势。仓央嘉措是桑杰嘉措手里最大的筹码。他断然不能轻易失去他。于是在关于仓央嘉措欢会女子的传闻入耳之后，他大为震怒。

但桑杰嘉措到底是干练的政治家，他考虑再三，决定抑制住内心愤懑，依旧柔和待之，并亲自拜访仓央嘉措谈论此事。仓央嘉措岂能不知第巴深意，到底还是要劝自己断了那些烟花念想，潜心习佛。但这一回，仓央嘉措坚决不肯。即便他知道，自己是格鲁派的核心人物，第巴所做一切亦都是为了完成五世达赖的政治意愿，为了完好地保全和壮大格鲁派。但他始终无法忽略一点，即是自己已被第巴操控了小半生的时光。从来不曾为自己活过。

因桑杰嘉措长期独断专权，引起了一些僧俗封建主的不满。而这些矛盾错综复杂地集中在六世达赖仓央嘉措的身上，使他常常无端受到牵连。虽然仓央嘉措知道自己是被桑杰嘉措一手扶植起来的，但坐床之后自己亦不过只是一位"至尊傀儡"。高墙深院、戒律森严的宫廷生活和在严格监督下一味繁重枯燥的宗教学经生活，增加了他对现实的不满和厌烦。

原本他又并不看重功名利禄，更不愿为争权夺利而角逐，逐变得懒散起来，且喜好游乐。桑杰嘉措为了能使仓央嘉措修持圆满，曾反复规劝，督促他的经师和身边侍从严格管教，但结果适得其反，反而使得彼此之间产生了非常严重的隔阂。

在仓央嘉措的私生活里，从仁增旺姆到达娃卓玛，第巴没有一回不插手干涉的。仓央嘉措的感情路途也因此变得颇为曲折。于是，这一回，他坚决不再妥协。即便第巴致信仓央嘉措的恩师五世班禅额尔德尼请求劝阻，也不能改变他的心意。

后来，桑杰嘉措无奈之下，便暗中告诉班禅，让他迅速为仓央嘉措授比丘戒。所谓比丘戒，又称近圆戒、近具戒、大戒。略称具戒。因与沙弥、沙弥尼所受十戒相比，戒品具足，故称具足戒。受过比丘戒的僧人要遵从的戒律更加严格完备。依戒法规定，受持具足戒即正式取得比丘、比丘尼之资格。一般说来，僧人受比丘戒的年纪在满二十岁后。

公元 1702 年，即康熙四十一年，五世班禅额尔德尼洛桑益西致信仓央嘉措，邀请他去日喀则，说要亲自在札什伦布寺为仓央嘉措主持受比丘戒的仪式。当时，仓央嘉措名义上应了邀请，却无人知仓央嘉措此时在心底酝酿了另一个惊人的决定。不久，第巴桑杰嘉措、蒙古的拉藏汗、三大寺的堪布，一起随同仓央嘉措前往日喀则。仓央嘉措又一次与玛吉阿米不告而别。

是年六月，仓央嘉措一行人抵达了札什伦布寺。受戒那日，札什伦布寺的金顶在日光之下，金光闪耀。仓央嘉措一言不发令众人向寺内前行。桑杰嘉措此时内心渐趋宁静，他以为仓央嘉措的凡心艳事终可告一段落。却不知，当五世班禅在仪式刚刚开始建议仓央嘉措在大经堂为众僧讲经之时，听到的是，仓央嘉措的一声断然拒绝。霎时，众人惊措不语。

这一切对仓央嘉措来说，积蕴的时间已经太过长久。要如此决绝，对于仓央嘉措来说不是易事。他的内心需要跋涉千山万水，方能说服自己做出这样在别人眼里离经叛道不可思议的决定。

在仓央嘉措拒绝讲经之后，五世班禅只能略过此事，准备为仓央嘉措授戒。但这一请求再一次遭到了仓央嘉措的拒绝。除此之外，仓央嘉措表示不仅不愿受比丘戒，还要求五世班禅收回曾经的沙弥戒。纵众僧如何求情，他亦只是端坐在大殿中央，低眉敛目，默然念珠，一声不应。

据《五世班禅洛桑益西自传·明晰品行月亮》记载：仓央嘉措"皆不首肯，决然站起身来出去，从日光殿外向我三叩首，说'违背上师之命，实在感愧'，把两句话交替说着而去。当时弄得我束手无策。以后又多次呈书，恳切陈词，但仍无效验。反而说'若是不能交回以前所受出家戒及沙弥戒，我将面向札什伦布寺而自杀。二者当中，请择其一，清楚示知'。休说受比丘戒，就连原先受的出家戒也无法阻挡地抛弃了。最后，以我为首的众人皆请求其不要换穿俗人服装，以近事男戒而授比丘戒，再转法轮。但终无效应"。

仓央嘉措独自一人在佛教伦理当中穿越荒芜和禁忌。

23 | 幽媾：誓言·雪足印

从日喀则回到拉萨之后，仓央嘉措多日不曾出门，亦不接受任何宾客的拜访和阻劝。到底是佛爷，桑杰嘉措也没有办法采取任何强迫的措施。这是信仰当中所不允许的。

只是当他见仓央嘉措多日未曾出门半步以为仓央嘉措凡心暂退之时，仓央嘉措再一次离开了寝宫。其实，在当时的第巴心中，即便是六世拒受比丘戒，只要他安心本分，在布达拉宫的日光殿里勤修佛法，那么他一定会竭力将六世保全。至于，拉藏汗那一处，他也定会想别的法子去应对。只是仓央嘉措再一次令他失望了。

几次三番，桑杰嘉措终于做出了一件前无古人的事来，他决定不能再任由仓央嘉措肆意出行，便将之软禁在了日光殿。这一举措自然不能成为秘密，开始被下人传到了民间。桑杰嘉措也自此背负了更加深重的骂名。但这一切，如鱼饮水，冷暖自知。

如此辗转，仓央嘉措与玛吉阿米的交往愈加艰难。庆幸玛吉阿米是一个识大体知情理的好女子。她以为，若爱，就要有一颗笃定的心。无论仓央嘉措隔多久来见她，她都对他深信不疑，从无二心。直到深冬一日，这段历经险阻的爱情到底还是出了变故。

那日，仓央嘉措趁桑杰嘉措派来的看守不备从寝宫侧门溜出。然后一路小跑，跑至了那间为玛吉阿米租住的小屋。其实仓央嘉措也想过，带着玛吉阿米远走高飞，一走了之。但他始终希望世事周全。六世达赖是非同小可的事情，那是关乎民族信仰承续的重大问题。他觉得自己不能太过自私。所以他最终便陷自己于两难的境地。

二人再见时，玛吉阿米削瘦至极。如此再三，仓央嘉措觉得，这美妙的女子终会将一生葬送在自己的手里。这样的话，那么他该如何是好。

玛吉阿米原本是与她的阿爸同住。阿爸嗜酒，所以她常常去酒馆为阿爸打酒。如若不是阿爸，如若不是去买酒，大约也不会被酒馆老板介绍给仓央嘉措交识。只是在仓央嘉措去日喀则的时候，阿爸便已去世，留下她一生独自在这世上，纵然如此，她亦不曾向他吐露内心的半分苦楚。她爱他，如同爱着幻觉、爱着不灭的梦想。

庆幸有仓央嘉措为她租住的小屋，也庆幸酒馆老板愿意收留。仓央嘉措再来寻她时，她已在酒馆当垆卖酒。如此这般，倒也是好，她以为这样便可减少自己带给他的负担。他也便可以分出精力更加专注他隐秘的事。

玛吉阿米不是那种索命要得到结果的女子。亦不是追寻某一个荒芜誓言抑郁终生的女子。她只是要他一段纯真干净的感情。爱是她的梦想。那一夜，二人秉烛夜谈，执酒到天明。从未有一刻，是如此安和。仿佛时光也随这双人的爱变得柔媚起来。多好的一个夜。

只是待天亮时分，仓央嘉措拉开窗帘，却见屋外一片银装。颇为惊心。

落了一夜的雪，整个拉萨城仿佛都变得静谧起来。变得谦和、儒雅、淡定。假若他是凡人，他定然会拉起爱人的手，去落满雪的旷野里，觅寻温柔的乐趣。但他不能，他所可以做的事情看似很多，实则寥寥。如此意兴阑珊的一生。

这一回临行前，仓央嘉措做了一件事，从未有过的。他拥吻了玛吉阿米。他们都是内心对爱有洁癖的人，都有相似的理想准绳，仿佛生来就是要酿铸人间的爱情传奇。从未有人做出任何逾越之举。但这一回，仓央嘉措却于恍然之间有一种惊动。那是莫名神力的某一种指引。他并不确知到底为何，只是有那么一刹那的时间，他仿佛看到了一道光，驱使着他做出这样温柔的事来。

他原本以为她会惊措不语。却只见她淡静一笑，然后一转身娇羞地合上了门。这一切都仿佛在瞬间会聚成了一条河流，流动出声来。然后，踏着没足的积雪，仓央嘉措一步一回头走回了布达拉宫。

潜回寝宫坐定，仓央嘉措只觉一切惊险都值得。他甘愿为她来回奔波，做一切事。到这时，仓央嘉措愈觉玛吉阿米之矜贵。他自觉不是朝夕相伴的良人，一切生活细节都不能自持，不过分秒必争的累赘之人。但她却不问、不怨、不怒，温柔始终，爱静不变。是这样好的女子。

于是，一切温存过往倏忽之间便在仓央嘉措的脑袋当中一帧一帧的温习而过。从初始到相知，从相爱到不离。一切颠沛和折复都是历历在目。人后的执手与无声誓言，在仓央嘉措二十多年的生命当中，成为了不可颠覆之中流。他是这样爱她。

彼时，他决然没有料到，寝宫之外，隔墙有耳。他的喃喃自语一字一句被看守听入心底。清晨时分，看守巡查佛爷寝宫之时便已发现异状。有一道侧门之外，出现了两排蜿蜒却规整的足印，一直延伸到佛爷寝宫。原本他以为是贼人，但又不敢擅自闯入宫内，于是便扶墙贴耳，以探得屋内风声。却不料听来这天大的秘密。

毕竟是卑微之人，如此叛道之事自然不是他一个看守可以明晰散播的，于是他只能沿着那足印往外寻觅，一直走到玛吉阿米酒馆旁的小屋，方才有所确认。再一打听，屋里果然住着绝色的女子。并在坊间有不绝断的流言，说她与布达拉宫里的高官大德私通。灌耳如惊雷，看守一时间失去了所有方寸。

报告第巴是他唯一的选择。他心智太单薄，这不是他一个卑微看守可以独自承受的事。内心几次辗转，终于还是跪倒在了第巴寝宫的门前，将一切据实禀报了桑杰嘉措。

如若只是如此，事情大约也不至于变故得太快。但却不知从哪里走漏了风声，看守的异常行径被拉藏汗的耳目察觉，然后一切秘事都被传入了拉藏汗的耳朵里。他甚是决绝，赶在第巴之前，便立刻将相关证人抓捕起来，为己所用。

惊天的变故在暗中发生、变形、膨胀、蔓延，他却不知。

24 | 惊变：毁念·爱尽止

如果他们知道，别离是终局，

他们是否还会为彼此赴汤蹈火？

在桑杰嘉措得到密报说拉藏汗也掌握了此次仓央嘉措出宫与女眷寻欢的证据之后，几日不眠。因为他知道，拉藏汗知道这件事意味着什么。在桑杰嘉措做出那个残忍的决定之前，他也曾犹豫了几日。毕竟他内心对仓央嘉措有亏欠。这些年，他既没有给仓央嘉措施展政治能力的平台，亦剥夺了他大部分的自由。

但到底，他还是召进了心腹，将应对仓央嘉措幽会女子秘事被泄露的决策告知。他不得不再一次伤害仓央嘉措的爱人。他必须赶在拉藏汗之前找到玛吉阿米并将她送走。

是夜，仓央嘉措再次设法溜出寝宫，来到了玛吉阿米的小屋。他自知自己陷入一个万劫不复的绝境，再难得度。他是来告诉她真相，将她救离自己为她酿铸的苦海。却不料她早已候在门前，仿佛一切都已被她预料。

进屋之后，他与她相向而坐，十指相扣。仓央嘉措本以为她听
到真相之后会惊措无语，却不料她只淡淡然地一笑。原来，她已知道。
也许很早，也许刚刚。但这已然不重要。她爱他，无论他殊胜抑或平常，
无论他是宕桑旺波或者仓央嘉措，无论他是凡人还是活佛。

她说。世上只有一个你。
因为有过你，我与世上所有的女子都是不一样的。
如此而已。

你见，或者不见我，
我就在那里，
不喜，不悲。

你念，或者不念我，
情就在那里，
不来，不去。

你爱，或者不爱我，
爱就在那里，
不增，不减。

你跟，或者不跟我，
我的手就在那里，
不弃，不离。

来我怀里，或者，
让我住在你心里，

默然，相爱，

寂静，欢喜。

仓央嘉措决然不知，在他到来之前，第巴已经派人来过玛吉阿米的小屋。他们原本是要立刻带走她，却禁不住她的哀求，愿意暗中宽限几时。她说，只是想再等一回他。等到或者等不到，都一定会跟他们走。只是如若等到，她便觉这一生都够了。幸的是，她果真将他等到。

次日。仓央嘉措得到消息，玛吉阿米失踪于八廓街的黄色小屋。彼时，他仿佛突然被夺去了双目，整个世界都暗到极致。他也不知，这一生是否果真存在过，甚至不明，这肉身之内，是否是他。是，她一去，他也就空了。她是他完整的所有，无可替代。

仓央嘉措自然会去找，只是一切都是徒劳。他甚至屈尊去跪求第巴，但这并不能阻止任何事。桑杰嘉措只是伏地不起，他并不能应允仓央嘉措的任何要求。他需要保全的是格鲁派，是信仰。不是仓央嘉措的爱。浮生若梦，这一生，他与她，果真永不能再见。他终无言。

祝君一路平安，

愿卿保重安健。

对答温情缠绵，

惜别泪水涟涟。

这是他唯一为她默念的话。如若不，还可以怎样。虽不过若干年岁，他却已历经沧桑世事。在仓央嘉措的二十年生命里，玛吉阿米是女神，圆满了他最后的一点爱情理想。她之于他，比仁增旺姆厚重，比达娃卓玛深刻。是要与之朝夕相伴生世不离的那一个人。

是夜，他梦见了她。也不知缘何，她竟然成了他，他也便是她。她在他先父的牵引下，奔跑在葱碧的旷野之上。然后唱起，幼年时父亲带他放牧时唱过的那两支《牧人歌》。

之一

我们牧场上的奶牦牛，
牛奶如同天上降的雨，
白雪和玉浆向我遗赠。

我们新市上的西宁马，
驰骋如同春季里的风，
金鹿和牝鹿任我驾驭。

我们草场上的绵羊，
羊毛如同天上白的云，
轻雾和飞雪给我无穷。

我们新村里的姑娘们，
歌声如同清脆的响铃，
金钟和玉磬为我歌唱。

之二

噢来，街头上的好骏马，
具量喇嘛驾驭碎步如轻风，

引领头人驾驭驰骋如电掣。
噢来，碎步如风的好骏马，
美慕啊，好骏马驰骋如电掣。

噢来，牧场上的"色力"牛，
勤劳牧民挤奶奶汁如涌泉，
勤劳牧民打油酥油如堆雪。
噢来，奶汁泉涌的"色力"牛，
美慕啊，"色力"牛产油如堆雪。

噢来，竹栅里的白绵羊，
年轻姑娘剪毛毛厚丝儿长，
年轻姑娘捻线绵绵线不断。
噢来，毛厚丝长的白绵羊，
美慕啊，白羊毛捻线线不断。

噢来，家乡里的好姑娘，
年轻姑娘知晓所有的村庄，
年轻姑娘孝敬恩慈的父母。
噢来，知晓家乡的好姑娘，
美慕啊，好姑娘温柔的心肠。

她来时，清然盈雅。她去后，杳渺无期。
仓央嘉措知道，从这以后，这世上，他将一无所有。

25 │ 险象：祸端·大法会

是年藏历元月，又一场横祸悄然而至。

每年的藏历元月初三或初四至元月二十五日在拉萨城里都会举行盛大的"默朗"传召大法会。所谓"默朗"，有两层含义。一层含义是祈愿、向往之意，表达了藏民对幸福、平安和健康的渴望。另一层含义是为了纪念佛祖释迦牟尼摧毁外道、广施佛法的功德。

据说，当年释迦牟尼曾在正月初遇外道斗法辩经。从正月初一到正月初八这段时间，佛祖有意退避，使自己处于不利的境地。待到正月初九到十五日，便大显神通，对外道进行反攻。次第战胜外道者，使他们或火焚，或水溺，或堕岩。藏历"默朗"大法会的初衷便是庆贺弘法胜利，并借机求得一年的功成圆满。

传召大法会是西藏最大的宗教节日，由藏传佛教格鲁派始祖宗喀巴大师于公元 1409 年创立。第一次传召大法会是在西藏的大昭寺举行的，后来便形成了在大昭寺举行传召大法会的惯例。

宗喀巴大师出生于今青海省湟水河畔塔尔寺所在地，法名洛桑扎巴。七岁入夏琼寺剃度为僧，十六岁入藏修行，刻苦学习显密二宗，最后在藏传佛教噶举派的基础上，创立了守戒律、重修行的格鲁派。公元 1408 年，宗喀巴决心效仿佛祖释迦牟尼在拉萨创立了一个大型法会，借此法会捐募钱财供养自己教派的寺庙和僧侣。宗喀巴在当时西藏掌握的帕竹政权支持之下，成功于公元 1409 年的藏历正月在拉萨发起了一个大型的祈愿法会。

当年，从各地来到拉萨参加法会的僧人有一万多人。在这次法会后，宗喀巴又在帕竹地方政权的支持下，建立了甘丹寺。甘丹寺的建立，标志着藏传佛教格鲁派的诞生。

17 世纪 40 年代后，五世达赖在蒙古和硕特部首领顾实汗的支持下，建立了甘丹颇章政权。到这个时候，传昭大法会的规模、内容、程式也开始逐渐固定下来。

大法会期间，传召最重要的活动是诵经和辩经。佛教认为，大规模的诵经祈愿活动可以感召神佛，给世间带来安宁和平，可以为众生谋得福祉。传召期间，每天有六次经会。在这期间，香客们会将布施奉上。另外，在大法会期间，会通过辩经来评定"拉然巴"格西学位。二月的时候，传小召时再评定"磋然巴"格西。

所谓"拉然巴"是指博学高明之士，"磋然巴"是指卓越高明的学者。格西则是善知识或者良师益友的意思。

除此之外，在藏历正月十五这一日，亲政的达赖喇嘛会亲自参加传召。清晨的时候，达赖喇嘛将到大昭寺拉姆神殿礼拜西藏最早的护法神，然后从大昭寺的南门进入拉萨的松曲热广场向众僧俗讲经弘法。到这一日，大法会进入高潮阶段。

大法会期间，正值藏历新年，宗教活动和民俗节日交织在一起，因此会有各种形式的庆典交合。活动包括阅兵典礼、赛马射箭和跳神驱鬼等。亦有诵经、放生、演藏戏、瞻仰佛像、法舞、酥油花展和未来佛"观察"等活动。热闹不已。

通常，"默朗"传昭大法会于藏历正月二十四的夜晚，在驱邪送鬼的仪式之后正式结束。

公元1703年，一年一度的传昭大法会在大昭寺举行。这一年，仓央嘉措二十岁。他第一次参加大法会。参加大法会变相地表示他已开始亲政。只不过这一切都是表象，第巴从未给予仓央嘉措半寸的政治空间。但仓央嘉措知情知理，自觉将蓄了几年的长发剃尽。他明白，参加法会，为天下谋人祈福是他的职责所在。即便往往并不如愿。

大法会原本宁和顺利，却不料中途仓央嘉措遭遇飞来横祸。拉藏汗心机之深，不是仓央嘉措可以想象的。他的手段之决绝、狠毒亦不是桑杰嘉措可以比拟的。当得到确证，仓央嘉措遗留下的足印是通往一名女子居所，并已掌握确凿证据之后，拉藏汗断然做出了这样果决彻底的决定：立刻上书朝廷，毁誉六世达赖。

拉藏汗上书康熙帝的奏折里说到仓央嘉措时这样写道："耽于酒色，不守清规"，"是假达赖，请予废黜"。言简意赅，武断至极。

在拉藏汗的意识当中，这是扳倒桑杰嘉措不可错失的好时机。他夸大渲染了所有确证之事，将仓央嘉措与玛吉阿米之间的无瑕之爱描绘成酒色之交。仓央嘉措实乃依照教规郑重觅得的真达赖，假达赖之说更是子虚乌有。

其实所有的极恶都是极爱的伸延。拉藏汗极爱自己，于是极恶第巴，再殃及仓央嘉措。在拉藏汗的政治权谋当中，仓央嘉措不过只是举棋一步，但却是至关重要的。一如第巴对仓央嘉措的看重、死守和庇佑。

不久，康熙帝对拉藏汗的奏折做出了回应。但他对此事保持了一个十分清醒的观望态度。毕竟彼时的西藏是一块是非之地，凡事都要谨慎，若稍有差池，往往会带来血光之灾。于是他对拉藏汗的奏折既不漠不关心，也没有妄下结论苟同。派出使者验明达赖真身的目的即在于调和。

使者依照皇帝的指示，在观察了仓央嘉措数日之后，将所得结论公布于众："不知是否是五世达赖的化身，但确有圆满圣体之法相"。一个模棱两可的答案，同时宽慰了拉藏汗和桑杰嘉措。于此，这一难方才化险为夷。

生命是一场无声告别。那一夜，仓央嘉措忽觉自己仿佛是一只被折足的鸟。在寂寞高空惶惶欲坠。终有一日将碎骨粉身。年轮飘散，太多爱沦落天涯。他再一次想念起他的玛吉阿米。然后，便落了泪。

此行莫恨天涯远

26 | 征途：血战·末世役

一切苦难都是引领。
引领众生知悟生命真相。

在大法会期间，拉藏汗其实已经与桑杰嘉措正式交战。彼时，在法会上，第巴的几个亲信曾向拉藏汗的家臣挑衅，拉藏汗的家臣大怒之后便动手杀死了第巴的亲信。这便成了双方反目交战的最好理由。于是，桑杰嘉措便迅速集结大队兵马对蒙古驻军进行袭击。一时间，拉藏汗被打得措手不及，便暂时被迫退出了拉萨。

拉藏汗假意退兵至藏北高原后，在达木地区重整了蒙古八旗兵势，然后以迅雷不及掩耳之势掉头回攻拉萨城。这一回措手不及的人换成了桑杰嘉措。又一场激烈的火拼在拉萨大昭寺前展开。伤亡无数。

后来多亏了三大寺堪布和拉藏汗的经师嘉木样协巴的出面调停，方才暂时止住了一场血灾。不久，双方便达成了停火协议。只是当时的拉藏汗兵力优势明显，桑杰嘉措不得不推卸退让，答应拉藏汗辞去第巴一职。第巴一职由桑杰嘉措之子阿旺仁钦继任，和拉藏汗共同掌管西藏的事务。

一切好战者都是与安福无缘的。所谓"国虽大，好战必亡"。拉藏汗和桑杰嘉措带来太多的伤害，终有一日会自我毁亡。短暂的安定之后，烽烟再起。

公元 1705 年，即康熙四十四年。拉藏汗与桑杰嘉措之间再一次发生了军事冲突，各方人士再次出面调停。最终商定，双方都撤离拉萨，以保持和谐的关系。拉藏汗退回青海，桑杰嘉措撤至雅鲁藏布南岸的贡嘎。这个约定其实本质上依然毫无效用。不过只是重蹈覆辙。

拉藏汗佯装回到青海，到了那曲卡便停止了行进。就在那曲卡，拉藏汗集结了附近的蒙古军队，重新向拉萨进军。另一头，桑杰嘉措也在筹集军队。但拉藏汗行动迅速，当夜就派了一支几百人的蒙古骑兵从藏北草原出发，直入拉萨城内，占领了城中要塞。桑杰嘉措得到这个消息之后，已经事成定局。

原本桑杰嘉措应当可以等到大军筹集完毕之后来一次大规模的反攻，但慌乱之下，桑杰嘉措走错了一步棋。他竟然铤而走险地使出一招下策，命人对拉藏汗下毒。果不其然，终是东窗事发，肇事者被处死，桑杰嘉措此举也将拉藏汗激怒到极点。他当即便立誓，不除去桑杰嘉措，誓不为人。

继而，拉藏汗继续发兵，在桑杰嘉措尚未准备就绪之前，又一次全力突袭。桑杰嘉措一方惨败，死伤无数。桑杰嘉措被俘。

之后，拉藏汗便立刻上奏朝廷。将他眼中所有关于桑杰嘉措的"罪恶"以及仅代表他一己之言的民心所向和双方交战的大致经过，最重要的是他的胜利战果，一一呈表。

桑杰嘉措自知已无后路，在牢狱当中，他所思量的亦不过只是这一生一世的漫漫来路。初遇五世达赖时，他便知，这一生都是要追随五世的。五世之于桑杰嘉措，是一道恒久不灭的光，他给予桑杰嘉措智慧、勇气、生之真意。最终，五世便成了桑杰嘉措的信仰。有关五世的一切，在桑杰嘉措的心底都是无上崇高的。为了实现五世的遗愿，桑杰嘉措甘愿奉献一生。纵有万难，亦只觉理所应当。他为他，赴汤蹈火，在所不辞。

桑杰嘉措的一生是伴随着五世和六世度过的。五世圆寂，六世降生。他奔波辗转至又一个轮回里。他暗中抚养仓央嘉措，派高僧大德为仓央嘉措讲经授法，灌输智慧。然后一手将仓央嘉措扶植起来，亲自操持所有政事，纵然背负着千万骂名，亦不惜。

他从来不需要谁来懂得，即便是仓央嘉措，他亦无任何要求。他生来注定要做遗世独立的男子，独自行走在藏地高原，从不为任何人停留。只是，偶然在深夜，他会想念起少年时，轻抚他额头、为他描绘生命图景的五世达赖洛桑嘉措。彼时，他便觉，这世上一切风景都是好。

也不是没有预料。他一早就想，如若有这样的一天，他成了阶下囚，成了濒死之人，要如何。他会做的，便是静定地待光阴过去，等铡刀入鞘。死，不过头点黄土，刹那而已。他这一生已然饱满、丰盛、淋漓尽致。死亦何所惧。他只要在为五世奔波的路上，任何时间、地点的魂断都是圆满。只是这一刻，他遗憾，这世道早已沧桑，转瞬巨变。

五世的政治理想，终究未能如愿。

那日，他被带出牢笼，去往僻静无人之地。身后是手持大刀的刽子手，眉宇间的杀气深沉浊重。竟不想，到了这一刻，他行走在这青藏高原上，才见到这片土地旷远寂静的美。晨光熹微，小风微澜，他走在坚实的路上，一步一步，迈向灭亡。他的身，他的城，他的信仰。此刻，都已沉默。

是年七月十五。桑杰嘉措被拉藏汗杀害。

27 | 哑言：挽歌·赴京师

在拉藏汗呈表康熙帝的奏折里，拉藏汗再次请求康熙帝"废第巴所立假达赖"。康熙帝再三权衡之后，拟了一道圣旨，派护军统领席柱和学士舒兰赴藏宣谕。

康熙帝英明神武。他一眼便洞穿拉藏汗的野心。于是，他知道，前任第巴桑杰嘉措拥立的六世达赖喇嘛仓央嘉措的存在对于拉藏汗的专政是最大的威胁。毕竟仓央嘉措在众信徒的心目之中是无可替代的。所以仓央嘉措的存在对拉藏汗是一个制约。所以仓央嘉措的六世达赖身份绝不是可以轻易废除的。

但是，仓央嘉措亦绝不能落到旁人手里，尤其是准噶尔部首领策妄阿拉布坦的手中。他是噶尔丹之侄，当年因为助剿噶尔丹叛乱对朝廷有功，继而取代了噶尔丹。但是近年准噶尔部实力大增，策妄阿拉布坦亦是野心难耐，有蠢蠢欲动之势。所以最后康熙帝决定，让仓央嘉措离开西藏。

康熙帝下达拉藏汗的圣旨内容也大约就是如此。康熙帝一面旌表拉藏汗的忠心，册封其为"翊法恭顺汗"，并赐金印一颗；一面命使者将仓央嘉措解送进京。对于康熙帝要押解仓央嘉措进京而不是废除其达赖身份，拉藏汗一时并不解，唯有顺从之。这正是康熙帝的高明之处。

只是，一切变故在仓央嘉措眼里，从来都不是悲绝的。他历经的苦难、艰险太多，以至于他历练出一颗铿然之心。不是谁都可以轻易撼动。他只是知情意，解温柔，懂何为爱与被爱，执信世俗之暖。

当他得知桑杰嘉措被杀之后，他一时无语。一个转身，竟落下了泪。这个男人在他的生命里，即便强硬霸道不可抵制，却始终是一盏明灯。对他从来都是护佑有加，纵然方式粗暴蛮横不讲情理。但是他对仓央嘉措并不坏。甚至是好的。只是他与仓央嘉措的价值观与道德准绳有别，但这并不能让仓央嘉措对他有噬骨的恨。

彼时，他也不觉得这一生如若没有桑杰嘉措会变得暗淡。可当桑杰嘉措果真已不在的这一刻，仓央嘉措竟觉得这生命真染了灰。是，他到底还是不恨他的，甚至亦是有爱的。即便时常彼此伤害。

后来，为了防止押解仓央嘉措离开时引发骚乱，拉藏汗在仓央嘉措被押解之前召集格鲁派众高僧开了一次审判会。旨在动摇仓央嘉措的威望。却不料，众僧皆以"游戏三昧，迷失菩提"为由替他们的佛爷说解。拉藏汗见此状，便干脆狠下斥令，将仓央嘉措关押起来。这一举措激起众愤。但无人能够阻止拉藏汗。

> 多萨水比美酒还香，
> 波拉山比平地还平，
> 包袱越背越轻，

背着包袱不想停。
我向着白鸡山跑，
翻过重峦人不知，
越过千壑鬼不晓，
饭包披在腰间逃，
哈哈，
十万兵马来追我也跑。

某一夜，仓央嘉措忽然唱起这一首叫做《逃亡》的歌。无人知其内心所想。他亦仿佛于某一瞬得到点化，能够看穿所有虚妄。又或者，他是在预言。但他并无任何越矩行为，只是静默等待发落的那一日。

公元 1706 年，藏历火狗年。六月十七日，仓央嘉措在使臣席柱和舒兰的陪同下，被押解进京。是日，曙色昏昧。仓央嘉措平静地迈开步子，走出营房，踏上刑途。

却不料，当仓央嘉措一行人穿越拉萨城时，城内所有信徒齐集道路两侧，跪拜活佛，齐声拜别。如此深重的情意对仓央嘉措是生之最大荣光。他从未如此深刻地体悟到自己的达赖身份所具备的意义，是他们一生的精神所系。是信仰的归宿，福祉的象征。他内心震痛。

请来看吧印度的孔雀，
额头绘饰玉石花纹。
除非神工谁人能绘，
衷心祝福孔雀主人。

请来看吧藏区的杜鹃，

额头绘饰金子花纹。

除非神工谁人能绘，

衷心祝福杜鹃主人。

请来看吧门隅的白鹤，

额头绘饰海螺花纹。

除非神工谁人能绘，

衷心祝福白鹤主人。

人群里忽然有人唱起这首《祝福歌》，他是他们的主人。那是来自他的家乡的信徒，泪眼婆娑凝望着他的来路。仓央嘉措觉得自己曾经背弃了这一群善美的人。他竟忽然不可遏制地痛哭。一切恍然之间变得绝望起来。

仓央嘉措所经之路，所有信徒都一一将头伸过来让佛爷摸顶赐福。这一路过去，从天明到日暮，时间便消失殆尽。如今，信徒唯一可以做的，也就只是无力地聚集在城里，为他们爱戴的佛爷祈祷。然后目送他踏上那艰险路途。

忽然，布达拉宫的钟声响起。清音摇漾，在他的身后盘旋。仓央嘉措一步一回首，看着身后送行的信众，方才确知，果真，他要离开了。去往未可知的远方，带着不安的知觉和熹微的明光。

28 | 刑路：怜生·青海湖

漫漫刑路。风声鹤唳。

仓央嘉措一行人行至哲蚌寺时，突发惊变。

此时的哲蚌寺内正酝酿着一场争斗。措钦大殿外，一群身形魁梧的红衣武僧席地而坐。他们压抑着内心悲愤，筹划着一个周密的计划。要从押解仓央嘉措的行兵手中夺回他们的佛爷。那一头，包括康熙帝使臣在内押送仓央嘉措的一行人，正向哲蚌寺方向缓步行来。寺门外脚步声阵阵。

当押解仓央嘉措的一行人至哲蚌寺下东侧的山脚时，一早埋伏在那里的一群武僧突然冲下山，以迅雷不及掩耳之势从慌乱失措的护卫队手里劫走了仓央嘉措。待大失方寸的护卫队醒过神来时，仓央嘉措早已落座在哲蚌寺里。

事情原本便不像哲蚌寺僧人所想的那般简单。当拉藏汗得知这个消息之后，即刻派了大队人马将哲蚌寺团团围住。并下令，若不交出达赖，必要大开杀戒。就这样，两方对峙了许久。这一切都被仓央嘉措看在眼里。

转眼,暮色四合。拉藏汗的军队已经蠢蠢欲动,正在这时,紧闭的哲蚌寺门大开。清俊的仓央嘉措手捻佛珠,从容走来。顿时,哲蚌寺众僧齐声痛哭。他们知道,活佛是要用一己之身来保全他们。佛门净地,岂能被污血染。彼时,他走向拉藏汗的军队时,目光如炬。仿佛,他已不是他。仿佛,他已蜕化。

康熙帝一早便接到奏报说拉藏汗已经起解达赖赴京,在押解仓央嘉措的一行人行至青海湖畔时,康熙帝突然又下了一道旨,严加斥责使臣席柱和舒兰。康熙帝责问:"汝等曾否思之:所迎之六世达赖喇嘛将置何处?如何供养?"面对康熙帝突然地反问,使臣们惊恐万分,无人知其深意。

于是,对于拉藏汗和使臣来说,揣摩透康熙帝的意思才是当务之急,毕竟已经骑虎难下。所以,押解仓央嘉措的一行人便停驻在了青海湖畔。从拉藏汗角度来说,他是绝不允许仓央嘉措重回拉萨,重回布达拉宫的。从康熙帝的角度来想,他已经明确表示不希望仓央嘉措入京。所以,使臣们思虑再三,觉得接下来唯一要做的就是找一个方法让仓央嘉措既不用返回西藏也不用再继续入京。

当仓央嘉措被告知这一切时,已经身患顽疾。落魄得形容憔悴、病骨支离。经历一个漫长夏季的艰难跋涉,到底是刑路,沿途环境十分恶劣。连月溽热,加之路经多处沼泽深林,瘴气侵袭,仓央嘉措抵达青海湖畔时已经全身水肿。是,他命数将尽,在这苍凉荒野,在这清寒湖畔。

彼时，见随行使臣心绪难宁，他便将他们唤来，良言相劝。他自知残躯将灭，只要自己一死，一切问题都便迎刃而解。几日之后，仓央嘉措果真静默圆寂。世相百味都渐次远离。世界归于寂静。

那一日，草木颓靡，天地沧桑。他卧在草地上，仰目望天。这一世的欢情与悲意刹那化成清雨落入他的眸子里。他知道，他茕茕入世，也终要独自湮没在这凡尘。达旺，措那宗，浪卡子，拉萨。仁增旺姆，达娃卓玛，玛吉阿米。他的一生都在流离，沿着孤独至死的路轨，奔波在生命悬崖之上。终究，他一颗颠沛孤零的心要落定了。

根据正史记载，公元 1706 年冬，仓央嘉措病逝于青海湖畔。

万千世相，止于此。
这一年，他二十四岁。

29 | 寂灭：隐没·亡之谜

解脱。

《维摩经》有偈，"佛为增上慢人，说离淫怒痴为解脱耳。
若无增上慢者，佛说淫怒痴性，即是解脱"。

生死无异。一切苦痛，都是源自无明。

公元 1706 年，对于仓央嘉措来说，是一个永劫之年，抑或解脱之年。只是，因为仓央嘉措尸骨未得见，众生便执迷。宁愿相信他生，绝不希望他死。于是，关于仓央嘉措的终局，便开始众说纷纭。根据前人总结，在诸多的说法里，大约可以分为三个类型。

第一种是认为仓央嘉措亡于青海湖畔。

这也是正史当中有据可循的说法，有很大的可信度，所以被广泛采用。据《清史稿》记载，"因奏废桑杰所立达赖，诏送京师。行至青海道死，依其俗，行事悖乱者抛弃尸骸"。又据《清实录》载："拉藏送来假达赖喇嘛，行至西宁口外病故。假达赖喇嘛行事悖乱，今既在途病故，应行文将其尸骸抛弃。"此外，释妙舟《蒙藏佛教史》，洪涤尘的《西藏史地大纲》以及王辅仁、索文清的《藏族史要》，也都记录了仓央嘉措于公元1706年病死在这次赴京的途中。但所载史实不过蜻蜓点水，亦有很大漏洞，所以并不能就此定论。

第二种是认为仓央嘉措亡于五台山中。

这一说法始见于近代学者牙含章先生的著作《达赖喇嘛传》。在书中，牙含章其实并未表露仓央嘉措的死因和下落，只是列出了三种可能性，第一次提出了"五台山说"。"另据藏文十三世达赖传所载：'十三世达赖到五台山朝佛时，曾亲去参观六世达赖仓央嘉措闭关坐禅的寺庙。'"他认为，仓央嘉措也有可能被顺利送抵京城，然后被清帝软禁于五台山中，直至寿终。但依据过于片面，所以这种说法可信度较小。

第三种是认为仓央嘉措亡于阿拉善旗。

这一观点是说1706年仓央嘉措并未死于青海湖畔，而是另有归宿。法尊大师所著《西藏民族政教史》中这样记载："（仓央嘉措）行至青海地界时，皇上降旨责钦使办理不善，钦使进退维艰之时，大师乃舍弃名位，决然遁去。周游印度、尼泊尔、康、藏、甘、青、蒙古等处。弘法利生，事业无边。尔时钦差只好呈报圆寂，一场公案，乃告结束。"庄晶先生在《〈仓央嘉措情歌及秘传〉导言》中提到：著名考古学家贾敬颜先生在阿拉善旗考察过程中，得知"文革"之前阿拉善广宗寺内保存有仓央嘉措的肉身塔，并且广宗寺主持曾经出示过仓央嘉措的遗物。所以庄晶先生认为"（仓央嘉措）最后归宿于阿拉善旗的可能性极大"。这两处记载是阿拉善说的主要支撑论据。

另外，阿旺伦珠达吉所撰写的《六世达赖喇嘛仓央嘉措秘传》

当中也记录到:仓央嘉措行至更朵瑙尔时,显神通施法术,夜遁而去。后来便用余生游历西南各地,广弘佛法,并且最后在内蒙古阿拉善旗圆寂。阿拉善说最受争议,却一直以来都在民间广泛流传。不过因为人那一颗善美之心,以及灵魂深处不可湮灭的仓央嘉措情结。

生,抑或死。之于彼时的仓央嘉措已然失去意义。顿悟是一念的事。无人知,青海湖畔的仓央嘉措,已不再是八廓街上嗜爱成瘾的那一个。无论仓央嘉措是否亡于青海湖畔,他都是一个传奇。流芳百世,从未尽止。在信徒虔诚的十万等身长途中。在八廓街不灭的仓央嘉措情诗里。在青藏高原的浮烟云霭上。在三百年来前赴后继的寻慕人心底。

《永嘉证道歌》语:"在欲行禅知见力,火中栽莲终不坏。"于是我知,仓央嘉措此生所历经的一切情困欲伤大约都是九生九世之前佛祖种下的因。他注定要成为火中栽莲的男子,于逆光境地证悟得真理。这是他的因果造化。

> 我问佛:为何不给所有女子羞花闭月的容颜?
> 佛曰:那只是昙花一现,用来蒙蔽世俗的眼,
> 没有什么美可以抵过一颗纯净仁爱的心,
> 我把它赐给每一个女子,可有人让她蒙上了灰。
>
> 我问佛:世间为何有那么多遗憾?
> 佛曰:这是一个婆娑世界,婆娑即遗憾,
> 没有遗憾,给你再多幸福也不会体会快乐。
>
> 我问佛:如何让人们的心不再感到孤单?
> 佛曰:每一颗心生来就是孤单而残缺的,

多数带着这种残缺度过一生，

只因与能使它圆满的另一半相遇时，

不是疏忽错过就是已失去拥有它的资格。

我问佛：如果遇到了可以爱的人，却又怕不能把握怎么办？

佛曰：留人间多少爱，迎浮世千重变；

和有情人，做快乐事，别问是劫是缘。

《维摩经》中维摩问文殊：何等为如来种？文殊菩萨曰："有身为种，无明、有爱为种，贪、恚、痴为种，四颠倒为种，五盖为种，六入为种，七识处为种，八邪法为种，九恼处为种，十不善道为种。以要言之，六十二见及一切烦恼，皆是佛种。"

是，仓央嘉措，忧难之身，亦为佛种。

他身流离，佛在他心。

30 | 传奇：来世·永不朽

仓央嘉措的一生仿佛是一出戏。

起承转合，波澜壮阔。

他仿佛是那台上清雅幽静的小生，淡淡然两三句便把情意唱入心。

> 洁白的仙鹤，
>
> 请把双翅借我，
>
> 不会远走高飞，
>
> 只到理塘就回。

起初，大家都将这首诗当做情诗，其实不然。相传这首诗是仓央嘉措在被押解离开拉萨时所作。在这首诗里，仓央嘉措便已种下线索。预兆自己来生所在。也就是仓央嘉措的转世七世达赖喇嘛格桑嘉措的所在——理塘。

在七世达赖格桑嘉措被找到之前，六世达赖仓央嘉措离开拉萨之后，达赖喇嘛的空缺被拉藏汗拥戴的益西加措填补上。由于仓央嘉措是因莫须有的"假达赖"之罪名离开拉萨的，所以拉藏汗势必在其离开之后要扶持一名所谓"真达赖"。这便是历史上最卑微的"达赖"——益西加措。

公元 1707 年，在仓央嘉措"死"后，拉藏汗将十一岁的益西加措迎至布达拉宫，并上书康熙帝请求册封。康熙帝鉴于西藏局势的混乱，便暂时认可了益西加措，封其为六世达赖喇嘛，并颁授了金印。但益西加措自始至终都只是拉藏汗的政治傀儡。在民间，益西加措亦是不得民心。西藏各阶层人民始终都将仓央嘉措奉为真正的六世达赖。

益西加措被册封之后，各地僧众对拉藏汗独断专权的暴政极为不满，纷纷组织寺僧去往青海湖畔寻找下落不明的六世达赖的尸体，并最终得到线索前往理塘找到了仓央嘉措的转世灵童，格桑嘉措。

找到格桑嘉措之后，各地僧众集体请愿上书康熙帝，请求废除拉藏汗扶持的假达赖。但迫于拉藏汗的淫威，为了防止拉藏汗对格桑嘉措戕害，他们果断地在 1714 年年初将格桑嘉措转移到康北的德格地方。随后，根据康熙帝之令将格桑嘉措送至青海西宁附近的塔尔寺居住。

三年之后，也就是公元 1717 年，藏历火鸡年，蒙古准噶尔部大军在策妄阿拉布坦的弟弟策凌顿多布的率领之下，攻入拉萨，杀死了拉藏汗，废黜了益西加措，推翻了拉藏汗专政，并将西藏地方政权交还给了清政府。

公元 1720 年，即康熙五十年，康熙皇帝正式承认了居住在青海塔尔寺的格桑嘉措"实系达赖后身"，派兵将他护送至拉萨，拜五世班禅为师，入住布达拉宫举行坐床典礼，然后加封格桑嘉措为"宏法觉众第六世达赖喇嘛"，并赐金印。这便意味着一共出现了三个六世达赖的奇特现象。

到公元 1724 年，雍正帝重新册封格桑嘉措时有意回避了他是第几世达赖的问题，致使格桑嘉措在位期间直到圆寂之前依旧是谱系身份不明。直到公元 1783 年，乾隆帝册封格桑嘉措的转世灵童强白嘉措时，明确其身份为"第八世达赖喇嘛"。这便意味着确定了格桑嘉措的真实谱系身份为"第七世达赖喇嘛"。而格桑嘉措是以仓央嘉措的转世灵童身份入布达拉宫坐床的，也就变相地确认了真正的"第六世达赖喇嘛"是仓央嘉措。

"拉萨高峙西极天，布达拉宫多金仙。黄教一花开五叶，第六僧王最少年……买丝不绣阿底峡，有酒不酹宗喀巴。劝君折取花千万，供养情天一喇嘛。"至此，仓央嘉措的一生方得以真正圆满。

> 前世，我频频回眸，
> 挥别的手帕飘成一朵云。
> 多少相思，多少离愁，
> 终成一道水痕送我远走。
> 今生，我寻觅前世失落的足迹，
> 跋山涉水，走进你的眼中。
> 前世的五百次回眸换得今生的一次擦肩而过，
> 我用一千次回眸换得今生在你面前的驻足停留。
> 问佛：要多少次回眸才能真正住进你的心中，
> 佛无语，我只有频频回首，
> 像飞蛾扑向火，
> 可以不计后果，可以不要理由。
> 回眸，再回眸。

千次万次，你在我眼中，也在我心中。

我频频回顾着，期待你的温柔。

我频频回顾着，渴望长相厮守。

前世，我在舟中回眸，

莲叶一片一片，连成我眼中的哀愁。

今生，佛成全我的思念，

让我走进你的眼中。

我寻觅了很久，累了，

只想在你怀中停息，

只想让你的手揩去我脸上的泪痕，

只想让你的体温温暖我冰凉的双手。

不要问我为何今生千里迢迢将你寻觅，

我没有喝孟婆汤，心中牵挂着你。

不要问我为何哭泣，

我没有喝孟婆汤，仍记得前世离别时心底的绝望。

说我喜极而泣吧，

泪落在你的襟上。

前世的种种哀愁开成一树繁密的丁香，

我只想与你携手在树下看那一朵开成五瓣向我们预言幸福。

今生我仍旧频频回望，

今生我仍旧不喝孟婆汤，

来世我还会千里迢迢将你寻觅，

来世我还会和你手牵手寻找五瓣的丁香。

　　此时，夜深气清心静。兀自念起这一首百转千回禅机温蕴的诗，席慕容的《回眸》。忽地，随着口中琳琅字句，便觉那暖氲了心。仿佛他与我之间，也曾前生擦肩，街头偶遇。只不过匆匆一眼，终究念念不忘。

只因为在人群中多看了你一眼，
再也没能忘掉你的容颜。
梦想着偶然能有一天再相见，
从此我开始孤单地思念。

想你时，你在天边。
想你时，你在眼前。
想你时，你在脑海。
想你时，你在心田。

宁愿相信我们前世有约，
今生的爱情故事不会再改变。
宁愿用这一生等你发现，
我一直在你身边，
从未走远。

不观生灭与无常

31 | 秘传：他生·琵琶音

读阿旺伦珠达吉的《六世达赖喇嘛仓央嘉措秘传》，内心也便生出一种执著。仿佛他所述及关于仓央嘉措的一切都是真实可触的，仿佛仓央嘉措那杳渺余生果真隐迹在神秘暗处，顾自潜度成佛。

阿旺伦珠达吉的《六世达赖仓央嘉措秘传》本名为《一切知语自在法称祥妙本生记殊异圣行妙音天界琵琶音》，学术界简称其为《琵琶音》，因藏文木刻板的书页页眉印有藏文"秘传"二字，于是民间便称之为《六世达赖喇嘛仓央嘉措秘传》。

著者阿旺伦珠达吉自称是随侍在仓央嘉措身边多年的入室弟子，正是因为这一点却无实据可考。所以《六世达赖喇嘛仓央嘉措秘传》便真伪难辨，仓央嘉措的生死之谜也就愈加扑朔迷离。

关于阿旺伦珠达吉其人，史书上这样记载：阿旺伦珠达吉，又名阿旺多尔济，蒙古族。公元 1715 年，即康熙五十四年，出生于阿拉善厢根达赖苏木台吉贵族之家。他是阿拉善第一任旗王和罗理胞弟的后裔。卒于公元 1780 年，即乾隆四十四年。终年六十六岁。

根据《六世达赖喇嘛仓央嘉措秘传》所述，公元 1716 年，即康熙五十五年，六世达赖喇嘛仓央嘉措三十四岁，他带着十二高徒来到阿拉善草原，与阿旺伦珠达吉家结下佛缘。于是，阿旺伦珠达吉便拜仓央嘉措为师，随仓央嘉措出家为僧。因此，阿旺伦珠达吉自幼便跟随在仓央嘉措身边习佛行修，成为仓央嘉措的"微末弟子"。后来，阿旺伦珠达吉又赴藏进修，研习藏文，修习显、密教法，所以佛学造诣颇深，最终成为了精通显、密教法的佛教大德。

　　阿旺伦珠达吉从西藏修业圆满之后返回阿拉善，并被六世达赖仓央嘉措确认为第巴桑杰嘉措的转世灵童，这使得阿旺伦珠达吉成为了在阿拉善出生的第一个转世活佛。

　　公元 1746 年，仓央嘉措圆寂。次年，阿旺多尔济遵从六世达赖仓央嘉措的遗嘱，赴西藏办理后事。他"向达赖、班禅博格多以及乃穷护法献上祈寿礼，祷告圣者灵童早日转世，并请求明示，向三大寺和传召法会大放布施"。

　　在六世达赖仓央嘉措圆寂之后，阿旺伦珠达吉依照尊师的遗愿，安置了六世达赖的遗体。并且，为传承仓央嘉措的衣钵和佛脉，提高显扬阿拉善藏传佛教的宗教地位，阿旺伦珠达吉选定阿拉善旗镇国公之子为六世达赖在阿拉善的二辈转世灵童，并亲任经师讲授教法。在灵童八岁时，阿旺伦珠达吉在昭化寺为其主持了坐床仪式，取法名图登嘉措。他便是后来阿拉善知名的温都尔葛根。

　　后来，阿旺多尔济得到七世达赖授大悲佛海观世音灌顶，接受了七世达赖的册封，得到"阿里路克散额尔德尼诺门汗"的名号和诏书、佛像灵物、全套堪布器具等赏物。

公元 1756 年，阿旺伦珠达吉在六世达赖生前选定的地点破土建寺。次年，寺庙建成。然后，阿拉善蒙古和硕特部的第三代王爷罗布藏多尔济上报理藩院，请求朝廷恩赐寺名。公元 1760 年，乾隆皇帝御赐满、蒙、藏、汉四种文字的"广宗寺"匾额。广宗寺俗称也叫南寺。章嘉国师若必多吉制定寺规，从此南寺名扬佛教界。藉僧俗信众之布施与能工巧匠之功德，寺院逐年扩大，其建筑规模之宏，雕刻工艺彩画装饰之精，佛门宝物收藏之多，世所罕有。

阿旺伦珠达吉在南寺将六世达赖仓央嘉措于公元 1739 年在阿拉善建立的冬季大愿法会沿袭传衍了下来。改定为每年 5 月举办夏季大愿法会，举行胜乐、大威德、遍族三大本尊彩粉坛城的盛大修祭，积极弘扬佛法，传播黄教。

晚年的阿旺伦珠达吉，因寺院利益与阿拉善第三代旗王罗布藏多尔济发生矛盾，罗布藏多尔济听信谗言，以为阿旺伦珠达吉对自己有谋害之心，暗中念经诅咒，于是将他囚禁起来。并且最终被残害致死。

仓央嘉措之于阿旺伦珠达吉，犹如日月星光。他对仓央嘉措的爱执与桑杰嘉措对五世达赖喇嘛洛桑嘉措的如出一辙。在阿旺伦珠达吉心底，仓央佛爷是值得他追寻一生的人。在仓央佛爷圆寂之后，阿旺伦珠达吉便为他虔心写下了一生坎坷与慧德。也就是流传了近三百多年的《六世达赖喇嘛仓央嘉措秘传》。

> 我走进一座印度的房屋，
> 茅草葺盖的印度房屋。
> 我推开茅草编的房门，

立刻闻到了米酒的醇香。
流浪汉啊，我舍不得米酒的醇香！
虽然已踏上归乡的路途，
又返回这座印度茅草屋。
舍不得放下啊酒杯，
我愿做米酒的客人。

我走进一座藏区的房屋，
石板修盖的藏区房屋。
我推开石板做的房门，
立刻闻到了青稞酒的醇香。
流浪汉啊，我舍不得青稞酒的醇香！
虽然已踏上归乡的路途，
又返回这座藏区石板房。
舍不得放下啊酒杯，
我愿做青稞酒的客人。

我走进一座门隅的房屋，
木板建筑的门隅房屋。
我推开木板做的房门，
立刻闻到了麦酒的醇香。
流浪汉啊，我舍不得麦酒的醇香！
终于回到了我可爱的家乡，
再也不想离开门隅木板房。
舍不得放下啊酒杯，
我再不做他乡的游郎。

是为门巴萨玛《流浪》歌。听到这首民歌的刹那，内心忽生一种温柔，并且情绪的深处是某一种伤感。如此轻易地被打动，却追问不出缘由。不知彼时，阿旺伦珠达吉写作《六世达赖喇嘛仓央嘉措秘传》时，内心是否也曾有相似的悲伤惊动。

32 | 流浪：正见·苦行路

阿旺伦珠达吉所著《六世达赖喇嘛仓央嘉措秘传》具有浓烈的灵幻色彩，神迹遍布。

据《六世达赖喇嘛仓央嘉措秘传》记载，仓央嘉措从青海遁去之后，带着残弱病躯独自在路上。却在途中遭遇大风暴，遮天蔽日，寸步难行。正当此时，有女子现身，默然引路。至黎明时分，仓央嘉措方才走出困境，此时，女子便化作一道白光隐去。骤然间，风暴退去，天地阒寂。原来女子是吉祥天母化身，特来度他脱险。

吉祥天母又称吉祥天女，藏语称"班达拉姆"，是藏密中一个重要女性护法神。她是古印度神话中的人物，传说是天神和仇敌阿修罗搅动乳海时诞生。后来婆罗门教和印度教把她塑造成女神，为她取名"功德天女"（亦称吉祥天女），说她是毗湿奴（印度三大主神之一，叙事诗中地位最高的神，掌握宇宙之权）的妃子，主司命运和财富。后来，她的形象被发展成为佛教的重要护法神。

至此，仓央嘉措正式步入苦行之路，开始了另一段人生。苦行得道之后的仓央嘉措，行踪遍布整个青藏高原，更远至印度、尼泊尔、西康，以及蒙古各地。广弘佛法。"尊者对待北土的无依无怙的芸芸众生，犹如慈母之爱抚患病的独子一般，发深远精微之菩提心，立宏广之誓愿，披无上忍耐的坚甲，为激越的慈爱所推动。"

> 从布达拉山的顶峰上，
> 圣心所化光辉照四方。
> 我身所化一贤者，
> 离开藏北赴北方。
> 为度无怙苍生离尊障。

仓央嘉措离开青海之后，一路流离颠沛。仓央嘉措涅槃之后得到重生，这是生死大劫的馈赠。他自知一切都是三宝的慈悲。此时的仓央嘉措焕然成为一个对众生，对大地都心怀悲悯的苦行僧。一路上，仓央嘉措都在饥饿、疾病、天灾之中熬度。他知这一切都是得生命奥义的命数，坦荡待之。

两年之后，仓央嘉措行至临近西藏康区的道尔格。此地地广人稀，却草木蓊郁，着实算得上是一处良美之地。但仓央嘉措到来那一年罹逢一场瘟疫。死者无数。仓央嘉措亦没能幸免。肉身再遭一次荼毒。饥寒交迫之下，仓央嘉措几度濒死。但总在关键时分得神祇搭救。传说瘟疫过后，仓央嘉措挨度二十余日，却因多日未曾进食，昏厥路旁。幸得乌鸦叼来瘦肉落在仓央嘉措身旁，仓央嘉措方才以此充饥得救。

后来，仓央嘉措因为误食路边剧毒红果，险些再次丧命。但他命不该绝。再次挺过险关。诸如此类的磨难，不胜枚举，在仓央嘉措浪迹十余年的光阴里络绎不绝。

公元 1709 年，仓央嘉措流亡途中曾秘密回藏。他自理塘经巴塘，回到拉萨。先后在哲蚌寺和色拉寺与各大高僧秘密约见，并在暗中与高僧大德一起修习佛法。为掩藏身份，仓央嘉措曾一度化身香客在拉萨各大寺庙游历、朝拜。并且在扎索寺闭关修习一年。出关之后，仓央嘉措去往了山南桑耶、昌珠、墨脱等地，且在匝日神山的禅院得到噶举派高僧密宗鲁支二宗的灌顶，并受修炼吐纳运气之法，修行进入极高的境界。

公元 1711 年，仓央嘉措的身份到底还是被人泄露，并且此消息很快便传入了拉藏汗的耳朵里。因此，在达孜地区，仓央嘉措被拉藏汗的人找到，并且囚禁起来。日夜有重兵把守，十分森严。后来有大德菩萨显圣，引渡仓央嘉措离开。但仓央嘉措自知行修不在处境，于是便淡然处之，并未离去。直到被军队再次押送上路时，仓央嘉措方才脱身。

彼时，一行人行至果喀拉山口。刹那，风沙四起。然后沙间忽见神女现身，引仓央嘉措翻越了山口，逃离了羁押。

当仓央嘉措继而行至工布，仓央嘉措再次闭关修习，历经数月，方才出关。后来足迹蔓延至尼泊尔的加德满都、印度的灵鹫宝山，途遇白象，是为大吉之预。证悟大增，几臻至境。从印度回来之后，仓央嘉措回到了家乡门隅，并在达塔布地区居住多时，因大德光照，当地人民对他心意虔诚，十分爱戴。在仓央嘉措离开之后，直到今世，当地依旧流传着关于仓央嘉措的美谈。他便是达塔布人民心中德高不朽的塔布大师。

公元 1716 年，仓央嘉措得到神祇，带着木鲁寺十二门徒来到阿拉善草原。所谓神祇是指，当年仓央嘉措在路径喇哈嘛的圣湖受到点化。彼时，仓央嘉措拖着疲乏的身体来到喇哈嘛湖边休憩。正当内心阴霾浓密时，忽闻湖面水波微澜，待水再又静定时，竟在水面看见锦绣画面。不是映照的当地雪山，而是一片云烟缭绕、碧色成海的草原。冥冥之中似有天神告之，东北方有一个六字真经起头带"阿"字的地方，可做福田，传播佛法。那便是阿拉善草原。

仓央嘉措在阿拉善草原一落脚便是半生。人与地之间亦有一种隐蔽的磁场，能够彼此辨认。阿拉善草原在前后藏的势力之外，局势安稳，民风淳朴，犹如世外之地，遍布祥瑞之气，令仓央嘉措看到光明。

于是，仓央嘉措认定这是佛祖点化，于是他历经险阻来到阿拉善草原。

33 | 神迹：灵幻·显神通

仓央嘉措抵达阿拉善之后，多次显露神通。
使众生虔心膜拜。

当时，阿旺伦珠达吉的阿爸班子尔扎布受高僧指点，那是一名佛道高深的土尔扈特喇嘛。他对班子尔扎布说，近几日将有上师驾临，尔等务必全力款待，虔心祈福。果然没过几天，仓央嘉措一行人便来到班子尔扎布的家中。只一眼，班子尔扎布便知仓央嘉措是超然之人。于是，从此仓央嘉措便与班子尔扎布一家结下佛缘。

相传仓央嘉措初至班子尔扎布家那一夜，有女仆发现两个大帐之间着了火。烈焰腾升，火光冲天。女仆惊叫不止，引来班子尔扎布一家人，却都束手无策。待仓央嘉措一到，便知内中隐情。只见仓央嘉措缓步靠近然后伸手在烈焰中取得一件红色披单，毫发未伤。仓央嘉措说只因披单被遗落在此，方才有此大火异象。待仓央嘉措将披单取出，大火瞬间熄灭，且未留半点痕迹。众人称奇。此其神迹之一。

在班子尔扎布台吉家附近，有位叫沙尔扎的章京，对六世达赖喇嘛顶礼膜拜，深信不已。一回，沙尔扎迎请仓央嘉措到家中做客，仓央嘉措抵达之后便将自己的一匹骑乘放在章京的马群里，请马夫伺放。马夫却不规矩，背地里偷偷卸下仓央嘉措骑乘背上的鞍鞯，自己骑着佛爷的坐骑去找寻家中丢失的马匹。却不料骑行不久，便突遇两只巨型乌鸦袭击。慌乱之下，马夫摔下马背，被吓得失魂落魄。

回到家中之后，见仓央嘉措正与沙尔扎喝茶，便有意回避。岂料正当此时，却被仓央嘉措唤住，并好声问到：为何家中有好马三百匹，你却要偷偷骑走我的坐骑？马夫闻声惊慌，矢口否认。却见仓央嘉措微微一笑，说到：你偷骑我的坐骑时，我的两位护法神化作了乌鸦去袭击，只因我心有慈悲，嘱咐二位护法神不可伤害于你，你方才可以逃脱他二位的追袭。听到这里，马夫忽然匍匐在地，痛哭流涕，请求宽恕。

后来，此事传开，章京沙尔扎一家人无不对仓央嘉措顶礼膜拜，崇敬信奉。此其神迹之二。

当章京沙尔扎去拜访阿拉善旗王阿宝王爷时，将自己的所见所闻仓央嘉措的神通之事一一道来之后，阿宝王爷大为惊动，便委派几位重臣，迎请仓央嘉措驾临王府。当日，阿宝王爷为迎接仓央嘉措举行盛大的迎接仪式，并亲自向仓央嘉措进献了哈达，顶礼叩拜，接受摸顶。并且，阿宝王爷请仓央嘉措入座王府正座，设宴款待。

席间，阿宝王爷与仓央嘉措一见如故，倾谈不止。宴后，阿宝王爷又将自己的白玉宝马送给了仓央嘉措。

因阿宝王爷对仓央嘉措十分崇信，后来便恳请仓央嘉措不要离开，请求仓央嘉措担任阿拉善一切众生之上师，谋求福祉。

见阿宝王爷心诚，仓央嘉措便应允其请求，并说道：我既已驻锡于此，自当竭力为一切众生寻谋福报，王爷大可放心。于是阿宝王爷当即为仓央嘉措准备了一处精美宽敞的帐篷，各种铺设完备周到，无不洁净雅致，请仓央嘉措入住。日后的一切起居亦均照料悉心。

后来，虽然阿宝王爷对仓央嘉措的身份产生怀疑并经寻证有所发现，但阿宝王爷自知仓央嘉措是活佛真身，便决心终其一生也会为之守口如瓶，并在暗中予以保护。只是阿宝王爷的夫人道格欣格格却对仓央嘉措不以为然。道格欣格格是大清庄亲王博果铎的第三女，是大清第一位下嫁阿拉善的和亲格格。她自幼在宫中长大，刁蛮任性，对仓央嘉措熟视无睹。

一日清晨，仓央嘉措正端坐于帐中诵经打坐，道格欣格格却突然带领一般随从到访，气势凌人。见仓央嘉措专心打坐，她便毫无惧色地坐在他对面的七层绣垫之上。良久，不见仓央嘉措反应，便主动开口。她神色倨傲地向仓央嘉措发话。大意是说，人人都说你神通，我却不信。今日如若不能在面前显露神通，我一定将你赶走；如若你果真神通，我自甘愿做你一生的施主。毕竟行脚僧人太多，并不值得稀罕。

说罢，道格欣格格点起长长的烟袋，顾自抽起烟来，等待仓央嘉措的回应。

仓央嘉措自始至终都静然打坐，闭目诵经。正此时，有僧人献上茶来。只见仓央嘉措缓缓伸手端住，然后毫不费力将茶盏揉成面团大小，如同一块绵软的稀泥。继而又将其拉成长条，再搓成鸡蛋大小的圆球，然后向空中一抛，从帐篷的天窗飞入高空。良久，待它重又落回帐篷时，仓央嘉措轻轻伸手接住，只见茶盏完好，清茶不溢。众人瞠目结舌。

此时，道格欣格格见状慌忙起身，跪倒在地，请求宽佑。自此，道格欣格格便履行承诺，成为仓央嘉措的永久施主，心意诚坦地追随在仓央嘉措的左右。后来，还用自己的发丝制作成了一枚顶髻，并镶上了各种珍宝，精美无匹。这枚顶髻和仓央嘉措的部分衣物因得众信徒保护，得以流传至今，妥善地安放在广宗寺内。

从此以后，六世达赖喇嘛仓央嘉措广收僧徒，弘扬佛法，曾先后到过北京、五台山、外蒙古喀什喀等地，声名远播。

34 | 归尘：无念·生无涯

阿拉善有一座广宗寺。

寺庙不大，却位居阿拉善八大寺之首。

只因他。

公元 1746 年，即乾隆十一年，仓央嘉措六十四岁。那一日，他吞服一颗佛舍利子后以菩萨跏趺坐姿口诵无量寿经，慈祥坐化，得无上菩提。其时从其左胁下流出各色透明油质液体十九日，虽然时值酷暑，但法体宛如生前，丝毫未损。

仓央嘉措的法体先供奉在阿拉善八大寺之一的昭化寺。昭化寺，始建于公元 1739 年，即乾隆四年，它位于阿拉善左旗格图呼热苏木驻地。公元 1748 年，即乾隆十三年，昭化寺扩建，成为了仓央嘉措法体浮厝之处所。

公元 1757 年，即乾隆二十二年，广宗寺历时十一年的建筑时间，终于竣工。在阿旺伦珠达吉主持了寺庙的开光仪式之后，仓央嘉措在阿拉善的转世灵童也举行了坐床典礼，成为温都尔葛根。葛根是广宗寺的活佛体系，温都尔葛根虽然是广宗寺建成后第一位入寺坐床的活佛，但在葛根谱系上他则是仓央嘉措之后的第二任葛根。

至此，仓央嘉措的肉身灵塔方才从昭化寺转至广宗寺内供奉。后来在"文革"时期，广宗寺被毁，仓央嘉措的遗骨和舍利子却在错乱当中被信众保存下来，后来专门建造了一座黄塔用来安放仓央嘉措的骨灰，即六世达赖喇嘛荼毗塔。

于是，仓央嘉措这一生的波澜壮阔终于息止，他随历史一同沉寂在书页当中，被翻过。但是，关于仓央嘉措的传奇，却是生生不朽的。

是这样的一个男子。半生荼蘼，半生寂。清净而生，清净而去。圆满的却是锦绣的一辈子。也曾在这时间趟过凡心不灭的水，笃定地要去握住那二三女子，去觅罕有的爱。以不喧不嚣之心去言明爱的正身。终了却依旧是虚空不灭，甚至带来血光不止。

出淤泥，挣脱俗生百相的桎梏。以爱之名，得到禅心。再去尝尽人间疾苦，以悲悯之义，造七级浮屠。再循生普度，为世间善信，用尽一生。如是，念如来。你我定知，那爱与恨，尘埃与禅心，扰攘与静寂，都不过只是他的，莲生一世。

> 诸仁者！
> 是身无常、无强、无力、无坚，速朽之法，不可信也。
> 为苦、为恼，众病所集。诸仁者！如此身，明智者所不怙。
> 是身如聚沫，不可撮摩；是身如泡，不得久立；
> 是身如焰，从渴爱生；是身如芭蕉，中无有坚；
> 是身如幻，从颠倒起；是身如梦，为虚妄见；
> 是身如影，从业缘现；是身如响，属诸因缘；

是身如浮云，须臾变灭；是身如电，念念不住。

是身无主为如地，是身无我为如火，

是身无寿为如风，是身无人为如水。

是身不实，四大为家；是身为空，离我我所；

是身无知，如草木瓦砾；是身无作，风力所转。

是身不净，秽恶充满；

是身为虚伪，虽假以澡浴、衣食必归磨灭。

是身为灾，百一病恼；

是身如丘井，为老所逼；是身无定，为要当死。

是身如毒蛇、如怨贼、如空聚，阴、界、诸入所共合成。

诸仁者！

此可患厌，当乐佛身。

所以者何？佛身者，即法身也。

从无量功德、智慧生；

从戒、定、慧、解脱、解脱知见生；

从慈、悲、喜、舍生；

从布施、持戒、忍辱、柔和、勤行精进、

禅定、解脱、三昧、多闻、智慧诸波罗密生；

从方便生；从六通生；从三明生；

从三十七道品生；从止观生；

从十力、四无所畏、十八不共法生；

从断一切不善法、集一切善法生；

从真实生；从不放逸生；

从如是无量清净法生如来身。

诸仁者！

欲得佛身、断一切众生病者，当发阿耨多罗三藐三菩提心。

35 | 菩提：心经·大悲咒

是日，天光盛丰。

落笔至此，内心温柔凋零，只觉仓央嘉措这一生都如若一帧梦境。

清生素心。

彼时，独自端坐在草地之上默念仓央嘉措的诗，并反复聆听《大悲咒》，便觉心清目明，一切尘埃皆不及。

佛曰："坐亦禅，行亦禅，一花一世界，一叶一如来，春来花自青，秋至叶飘零，无穷般若心自在，语默动静体自然。"《金刚经》有偈："凡所有相，皆是虚妄。若见诸相非相，即见如来。"佛说世间万物皆是化相，此心若不动，万物即不动。六根清净，菩提自在心。

何谓菩提。

菩提，是觉悟，是智慧，是善心，是明光。是灵光乍现，刹那彻悟，明心见性。亦即佛、缘觉、声闻各于其果所得之觉智。此三种菩提中，以佛之菩提为无上究竟，故称阿耨多罗三藐三菩提，译作无上正等正觉、无上正遍智、无上正真道、无上菩提。

求无上菩提之大乘修行者，称作菩提萨埵，略称菩萨。

求无上菩提之心，称作无上菩提心、无上道意或菩提心。

佛成道之处所，称为菩提道场、菩提场，其道场树称菩提树。

菩提本无树，明镜亦非台。

本来无一物，何处惹尘埃。

相传，公元前6世纪，古印度净饭国王子乔达摩·悉达多，二十九那一年，他忽被神祇点化，心生大爱和慈悲，窥得生之苦难真相。于是，为解众生难，他绝然摒弃富贵荣华，出家修行。然后缁衣芒鞋走天下，只为求得生死奥义。颠沛六轮寒暑，真心不改。

六年后，达摩祖师苦行至伽耶。伽耶是中印度摩揭陀国都城，此地殊胜，为祥瑞之气笼罩，乃佛门圣地。一日，达摩祖师坐于菩提树下冥思，追索生死真谛。彼时，魔王派最美貌的五个女儿去引诱达摩，阻碍其行修，皆不得。后又派军队箭射达摩肉身，亦被达摩无声化解。直到七日之后，某一个微妙时刻，他豁然顿悟，乾坤涣然，一念成佛。

求无上菩提，要远离三菩提障，修三清净心。如此方能涅槃顿悟，得善生。只是诸般苦与乐，迷惘与清透，执著与大悟，皆不过只在一念之间。

《六祖坛经》曰："不悟，即佛是众生；一念悟时，众生是佛。故知万法尽在自心，何不从心中顿见真如本性？《菩萨戒经》云：'我本元自性清净，若识自心见性，皆成佛道。'《净名经》云：'即时豁然，还得本心。'"

观自在菩萨，行深般若波罗蜜多时，

照见五蕴皆空，度一切苦厄。

舍利子，色不异空，空不异色，

色即是空，空即是色，受想行识，亦复如是。

舍利子，是诸法空相，不生不灭，

不垢不净，不增不减。

是故空中无色，无受想行识，

无眼耳鼻舌身意，无色声香味触法，

无眼界，乃至无意识界。

无无明，亦无无明尽，乃至无老死，亦无老死尽。

无苦集灭道，无智亦无得，以无所得故。

菩提萨埵，依般若波罗蜜多故，

心无挂碍，无挂碍故，无有恐怖，

远离颠倒梦想，究竟涅槃。

三世诸佛，依般若波罗蜜多故，

得阿耨多罗三藐三菩提。

故知般若波罗蜜多，

是大神咒，是大明咒，是无上咒，是无等等咒，

能除一切苦，真实不虚。

故说般若波罗蜜多咒，即说咒曰：

揭谛揭谛，波罗揭谛，波罗僧揭谛，菩提萨婆诃。

　　是为《般若波罗蜜多心经》。要身空，要心空，要心眼合一，天地连体。令四大五蕴净尽，廓然无我。也知，人世万相诸般佛理皆在他心。至于他一生流连而过似淡还浓的情，也终将因此洁净清透。世间安得双全法，不负如来不负卿？

仓央嘉措。素素四字爱如天。
心若莲花，次第盛开。
百川在心，终得菩提。

世间人，法无定法，然后知非法法也。
天下事，了犹未了，何妨以不了了之。

再忆念他时，与他有关的一切，便——
落在尘埃里，开出花来。

如烟。如锦。如流云。
如电。如幻。如风影。
如地。如空。如光焰。

与仓央嘉措有关

仓央嘉措相关诗文录

1·问佛（仓央嘉措）

我问佛：为何不给所有女子羞花闭月的容颜？
佛曰：那只是昙花一现，用来蒙蔽世俗的眼，
没有什么美可以抵过一颗纯净仁爱的心，
我把它赐给每一个女子，可有人让她蒙上了灰。

我问佛：世间为何有那么多遗憾？
佛曰：这是一个婆娑世界，婆娑即遗憾，
没有遗憾，给你再多幸福也不会体会快乐。

我问佛：如何让人们的心不再感到孤单？
佛曰：每一颗心生来就是孤单而残缺的，
多数带着这种残缺度过一生，

只因与能使它圆满的另一半相遇时，

不是疏忽错过就是已失去拥有它的资格。

我问佛：如果遇到了可以爱的人，却又怕不能把握怎么办？

佛曰：留人间多少爱，迎浮世千重变；

和有情人，做快乐事，别问是劫是缘。

我问佛：如何才能如你般睿智？

佛曰：佛是过来人，人是未来佛。

佛把世间万物分为十界：佛、菩萨、声闻、缘觉、天、阿修罗、人、畜生、饿鬼、地狱；

天、阿修罗、人、畜生、饿鬼、地狱为六道众生；

六道众生要经历因果轮回，从中体验痛苦。

在体验痛苦的过程中，只有参透生命的真谛，才能得到永生。

凤凰，涅槃。

佛曰：人生有八苦：生、老、病、死、爱别离、怨长久、求不得、放不下。

佛说：万法皆生，皆系缘分，

偶然的相遇，蓦然的回首，注定彼此的一生，

只为眼光交会的刹那。

缘起即灭，缘生已空。

佛门中说，一个人悟道有三个阶段：勘破、放下、自在。一个人必须要放下，才能得到自在。

我问佛：为什么总是在我悲伤的时候下雪？

佛曰：冬天就要过去，留点记忆。

我问佛：为什么每次下雪都是我不在意的夜晚？

佛曰：不经意的时候人们总会错过很多真正的美丽。

我问佛：那过几天还下不下雪？

佛曰：不要只盯着这个季节，错过了今冬，明年才懂得珍惜。

我问佛：世事本无常是什么意思？

佛曰：无常便是有常，无知所以无畏。

我问佛：我的感情总是起起落落？

佛说：一切自知，一切心知，月有盈缺，潮有涨落浮浮沉沉方为太平。

佛曰：执著如渊，是渐入死亡的沿线。

佛曰：执著如尘，是徒劳的无功而返。

佛曰：执著如泪，是滴入心中的破碎，破碎而飞散。

缘为冰，我将冰拥在怀中；

冰化了，我才发现缘没了。

我信缘，不信佛；

缘信佛，不信我。

2·金穗 节选（桑杰嘉措）

在东方多吉丹圣地北面，
古名叫做布尔杰的西蕃，
这里有象天柱般的高山，
如曼陀罗般的翠玉湖泊，
似透明水晶塔般的雪峰，
金色的草原象金山座座，
可入药的植物气味香浓，
秋天点缀着明媚的金花，
夏季装饰着碧绿的玉叶，
啊，雪域怙主观音菩萨，
这里就是您所化的刹土，
此地即有您所化的众徒，
您，是一切众生的救主，
您，应把雪域好好制伏！

从上述共性或个性方面都说明，要把封闭的穷乡僻壤那些受五
毒之害最深的人加以制伏的话，若仅以师父或百姓的身份出现，则
无法达到目的。所以说：

蕃人把国王看得至高无上，

须君临宝座才能治好西藏。

正如所云，自聂赤赞普等"天之七赤王""地上六勤王""八德王""五赞王"等历代王政，都是以神话、巫卜和苯教来进行治理的，从拉妥妥日年赞到"祖孙三王"，这期间，"杰旺丹巴仁波切"——佛教得以诞生和弘扬，使佛法太阳的明光照亮了黑暗的蕃域。在后弘期，出现了无数诸如仲敦巴·甲瓦琼乃等居士，启库大法师娘·尼玛颜色等咒师，喀钦·贡巴娃等出家僧侣，他们为雪域众生造福的功绩，已在我所撰写的五世达赖的传记《土古拉》第四卷里详细地进行了记载。

五世达赖所著自传《云裳》里的《极秘之部》有（神降偈）曰："为利生事业转世七次，尔当为其中的第五世。"无量的大慈大悲之心来源于殊胜之佛——永远注视着众生的观世音菩萨，她亲临雪域佛地——为生活在浊世的众生，宣扬不尽的如大海一般的佛法功业；她化作身穿黄色袈裟、头戴黄色法帽、超越一切的胜者——她转世七世、生世洁净根弃二障、在无所住的境界、像水月一样脱离了是非真伪身像的第五世（达赖）；她是福泽的明灯，根除众生的愚昧，将其引上光明的佛法大道；她象所有珍宝的来源大海一样，是一切善业的发祥地；她像用全部祥瑞垒成的高山，如给人以荫凉的大树，似佛法的太阳！所以，人们都这样称呼阿旺洛桑嘉措为充满青春活力之释教的无畏守护者。这一名誉满三界，具有断证、功德、慈悲、"五见"，连生庚年月这样的小事也与净饭王之子——释迦牟尼完全相同，包括引导神祇在内的一切众生之佛——五世达赖，他从根本上抛弃了生因二障、获得了金刚石一样不可摧毁的生机，为适应所化徒众而幻灭自身，这也是殊胜功业的神奇秘法之所在。

为此，他深感第六世达赖即将出世，而护法神府坚嘉措也对之进行了劝慰，故下令在措那宗修复（寺庙），即于拉瓦宇松——三低洼地新建宝座，再到三大寺进行佛事活动，以满足一切众生的心愿……然后把泥石一般的鄙人视为金子置之于摄政地位，鄙人虽以各种理由辞让，但他严令鄙人："必须居于摄政王位，以执掌权柄；而且不能像以往的摄政王那样只掌管政权，还要掌管佛法和人世庶务。在这些方面，无论你做什么，全都和我在做一样，没有区别；不要推诿，要坚定不移地指挥一切。"就这样，既做了如上教导，又向下进行了宣布。

显宗的《百业经藏》有云："主宰者们，（我）如来在不久的将来连聚合细粒而成的躯体也将一丝不剩地在涅槃界完全寂灭。我涅槃之后，你们要护持佛法。"……所谓的"主宰者们"，即指的四大天王、大觉仙、十方佛。要求一如对他们所嘱托的一样对殊胜尊者也应如此地遗嘱，并对以护法为业的厄鲁特蒙古为首的施主们也进行了宣谕。这一切不仅书写在布达拉宫三梯门的墙壁之上，而且还按上了祥瑞的一双掌印……

水狗（1682）年二月，（五世达赖）在进行了说（经）、辩（经）、著（经）的佛事功德之后，专一不二地潜心于"三昧之定"，而闭关修行到下弦月。时至空行母聚集之吉旦——二十五日那天，又对以鄙人为首的近侍、随员进行了政教二制的重要教诲；此外，还对金刚弟子的鄙人进行了如何妥善处理朝廷、蒙、藏的关系；对暂要保密、不能决断的大小事情，都应求神降旨。说完这些遗嘱，在摄去庄严之相的同时，破除五毒，于五天之内成为"双运幻化"之身。

虹彩空横，天雨神花，异香扑鼻，在众多空行母的恭迎下，瞬息间去向了空行净界邹仵那莲花明光的具喜佛宫——那无边大海的极乐刹土……

二月二十八日，乃琼大神降旨曰：

……

以往的师长迭代急传，

均因佛法未很好创建，

如今的光明呈现东南，

浊世众生异常的野蛮，

要把灯点燃比较困难，

但我贝哈尔王可担保：

不久即将出现在人寰。

……

三月三日，耿青大梵白额大神又作了授记："现在殊胜尊者还未
入母胎，其灵心在襄色林与塔布之间的东南方向。如再说明白一些，
则浊世的众生命薄福浅，可能对之产生魔障，以致造成灾难，不利……

玻璃琉璃的深色百瓣林，

在各种各样金刚的中心，

成一威猛的狮子栖息处，

太阳的光辉照射着山陵，

狮子的意向面对着白雪，

云气慢步象迎东海贵宾。

为此，大神解释说："所谓'玻璃'，是纯洁无垢的象征，其表
里透明特性，显示了纯真无瑕；此外，'乜'（疯）种姓的旧译密乘的
宗旨即像琉璃一样，颜色深褐。所谓'百瓣'就是莲花，有两种含义，
一是启库大师，即莲花林人，一是体现了那里的地形地貌。所谓'林'，

就是指诞生的地方——邬坚林。"

……

"乜"这一家族，源远流长。过去曾出现过一位精通印藏文字的密宗承传——乜·旺久卡热大译师，迭代相传到启库大师班觉，秘名白玛林巴（即莲花林巴）等，其间，出现过无数的人中之佼佼者……到了喇嘛丹增扎巴，八十高龄圆寂。在先，他娶邬琼布珍为妇，于铁兔年生了一子，名曰扎西丹增……从小就自觉地乐善好施，根绝恶行，且聪慧过人，对祖辈著述，过目不忘，专心致志，毫不松懈，通晓白玛林巴密教……这位"乜"姓后裔、密宗大师仁增扎西丹增就是第六世殊胜尊者的父亲。

（吐蕃）法王（一般指松赞干布）失散的后裔，有的脸上生着狗嘴，有的头上长了角，认为不吉祥，就被放逐到门隅地区，以后分成两支，不论哪支，反正都是法王后代，他们不住宫殿，而在山上修筑城堡，成为黎民百姓之王，过去了若干代后，其中一人生了七子，长子名叫贡格杰（上善君）到了拉瓦宇松，与波俄托西结成玉臣关系，建立了措松拉邬康巴家室，生了一个公子名叫左格，以及两个出家的孩子……（后代曾与汤东杰波有过联系）……到了却俄达杰，生了两个孩子，一个叫噶玛多吉，从夏姆仁辛地方娶了一个名叫阿布迪的妃子，于土狗年生一闺女，她从小受到良好的家教，品德高尚，信仰虔诚，施舍大方，文雅蕴藉，完全杜绝了五恶，具备人德……从而成了普度"三有"（或三界）的殊胜尊者的母亲——名曰邬琼·次旺拉母。

……

藏历十一绕迥（年）后叶，就梵文中讲是"如底如热"年，就密教而言是"查久"一"吐血"年，就东方汉族说是"癸亥"年，就我雪域称为"水猪"年的闰二月的前一个二月、闰一日的前一个一日一日嘎日（现在的星期天）的良辰吉旦（注：即康熙二十二年三月二十八日、公元1683年3月28日），为荫凉众生而造福积善的殊胜尊者（第六世达赖仓央嘉措）诞生了。

尊者从诞生开始，即一污不染，具备三十二吉相、八十随好，令人一见即饱眼福。《方广大庄严经》有云："这位'一切成'的孩子所具备的'大勇'者的三十二吉相是："肉髻突兀，头闪佛光，孔雀颈羽色的长发右旋着下垂，眉宇对称，眉间白毫有如银雪，眼毛睫逼似牛王之睫，眼睛黑白分明，四十颗牙齿平滑、整齐、洁白、声具梵音，味觉最灵，舌头既长且薄，颔轮如狮，肩膊圆满，肩头隆起，皮肤细腻颜色金黄，手长过膝，上身如狮，体如桎柳匀称，汗毛单生，四肢汗毛旋向上，势峰茂密，大腿浑圆，胫如兽王系泥耶，手指纤长，脚跟回广，脚背高厚，手掌脚掌平整细软，掌有蹼网，脚下有千辐轮，立足坚稳……具有这种吉相的大王不会是转轮王，而应是大慈大悲的观世音菩萨……"具有人十随好，也是妙貌、吉相之意，与三十二吉相大同小异（这里从略）的"一切成"孩子，不是站在国王的王位上而是为了出家才来到人世的。这一切在他身上都完全具备，而我们这些被三毒之酒所迷醉的人，体察的能力就如瘸子走路的初业者，见不到（吉相）也不能成为没有的理由。

《佛界颂经》记载说：

俨如下弦十四日月亮，

能够微微地看见光芒，

笃信上乘佛教的人们，

能够微微地看见佛象。
俨如上弦的月亮一样，
一丝一毫的逐步增长，
站在地面之上的人们，
能够逐夜地见其渐广。
俨如上弦十五日月亮，
完完全全的圆满辉煌，
到了地的最边缘之上，
佛像也呈现圆满吉象。

站在地上的人是看不见佛像的，只有达到了十方界的菩提心（境界）才能看到，何况我们这些凡夫俗子，就更不用说啦！

从阵痛到分娩，这段时间，有许多穿戴华丽宝石的神男神女展现在天幕之上，显现出身着披风和头戴通人冠的众多喇嘛，给新生的孩子进行沐浴的景象。刚出生落地……大地震撼三次，突然雷声隆隆，降下风茄花雨，枝绽花蕾，树生叶芽，七轮朝阳同时升起，彩虹罩屋。三日之内不能吃母奶，以黑色牲畜（牦牛）的酥油和奶汁喂养，因而生病。四日那天，临近晌午（十时左右）时光，才开始吮吸母乳。

当时，将密宗的祖父丹增和父亲给他命名为阿旺诺布，因一时中了邪气，脸都有点浮肿，眼睛难以睁开。算卦人松塔尔和吉提两人占卜一致，说："一方面中了邪气，一方面有比邬坚林护法神还要高贵的神护卫，应该命名为阿旺嘉措，还须用净水，特别要用十五的月亮落山以前、飞禽走兽尚未饮用、污染的河水洗濯，理应讲究清洁，否则，孩子就有夭折的危险。（为预防起见）应从该山背后搬到别的地方为妙。"按占卜人所言办后，身体就长好了，战神多吉扎丹（金刚称）等赋予了"见刃的成就"（安全的保证）。

小时候就不贪恋"生齿"期间的儿童游乐活动，而爱在纸张、树叶上写字、拼音，在地面上画图。还模仿（大人）做朵玛（用糌粑捏成供神的食品），供神，驱魔，吹号。在哭的时候，用法号、神像给他看，就高兴了起来。无论见到高低贵贱的人，都伸出大象鼻子般的手，赐给福力，做出给以加持的动作。无论法鼓敲得多么响亮，法号吹得多么高昂，都毫不畏惧，目不转睛地看着，他的声音宏亮，表现出了威严。

3·布达拉宫辞并序（曾缄）

叙曰：

六世达赖喇嘛，洛桑瑞晋·仓央嘉措，西藏窦湖（今译门隅）人也。其父名吉祥持教，母号自在天女。

五世达赖阿旺洛桑薨，而仓央嘉措适生，岐嶷出众，见者目为圣童。

当五世达赖之薨也，大臣第巴桑杰专政，匿其丧不报，阴立仓央嘉措布达拉宫中为储君，其教令仍假五世达赖之名行之；如是者有年。

后，清康熙帝微有听闻，传诏责问；始以实对。

康熙三十五年，（仓央嘉措）乃从班禅额尔德尼受戒，奉敕坐床，即六世达赖；正位时，年十五，威仪焕发，色相庄严；四众瞻仰，以为如来三十二妙相、八十种随形，不是过也。

正位之后，法轮常转，玉烛时调，三藏之民，罔不爱戴。黄教之制，达赖住持正法，不得亲近女人。

而仓央嘉措，情之所钟，雅好佳丽；粉白黛绿者，往往混迹后宫，侍其左右；意犹未足，自于后宫辟一篱门，夜中易服，挟一亲信侍者，从此门出，更名宕桑旺波，微行拉萨街衢；偶入一酒家，觊当垆女郎殊色也，悦之；女郎亦震其仪表而委心焉；自是昏而往，晓而归，俾夜作昼，周旋酒家者累月。

其事甚秘，外人无知之者。一夕值大雪，归时遗履迹雪上，为人发觉，事以败露。

有拉藏汗者，亦执政大臣，故与第巴桑杰争权；至是借为口实，言其所立，非真达赖；驰奏清廷，以皇帝诏废之。

仓央嘉措被废，反自以为得计，谓今后将无复以达赖绳我，可为所欲为也；与当垆女郎过从益密。

拉藏汗会三大寺大喇嘛杂治之，诸喇嘛唯言其迷失菩提本真而已，无议罪意。拉藏汗无可如何，乃槛而送之北京。道经哲蚌寺，众僧出其不意，夺而藏诸寺中。拉藏汗以兵攻破寺，复获之，命心腹将率兵监其行；至青海，以病死闻。或曰其将鸩杀之，寿止二十六岁；时则康熙四十六年也。

仓央嘉措既走死，藏之人皆怜其无辜，不直拉藏汗所为。拉藏汗别立伊喜嘉措为新达赖，而众不之服也。闻七世达赖诞生理塘，则大喜。

先是，仓央嘉措有诗云，"他年化鹤归何处，不在天涯在理塘"；故众谓七世达赖是其复出身，咸向往之。事闻于朝，于是，清帝又诏废新达赖，而立七世达赖以嗣仓央嘉措。

迎立之日，侍从甚盛，幡幢伞盖，不绝于途；拉萨欢声雷动，望尘遥拜者，不知其数也。

仓央嘉措积学能文工诗，所著有《无生缬利法》《黄金穗故事》《答南方人问马头观音法》等书。及《达赖情歌》，流水落花，美人香草，哀感顽艳，绝世销魂，为时人所称；然亦以此，见讥于礼法之士。

故仓央嘉措者，盖佛教之罪人，词坛之功臣；卫道者之所疾首，而言情者之所归命也。观其身遭挫辱，仍为众望所归，《甘棠》之思，再世弥笃，可谓贤矣。乃权臣窃柄，废立纷纭；遂令斯人，行非昌邑，而祸烈淮南；悲夫！

戊寅之岁，余重至西藏，网罗康藏文献，得其行事；并求其所谓情歌者，译而颂之。既叹其才，复悲其遇，慨然命笔，摭其事为《布达拉宫辞》；广法苑之逸闻，存西藩之故实；虽迹异《连昌》而情符《长恨》，冀世之好事者，或有取焉。

> 拉萨高峙西极天，布达拉宫多金仙。
> 黄教一花开五叶，第六僧王最少年。
> 僧王生长窦湖里，父名吉祥母天女。
> 云是先王转世来，庄严色相真无比。
> 玉雪肌肤襁褓中，侍臣迎养入深宫。
> 峨冠五佛金银烂，绛地袈裟毡毹红。
> 高僧额尔传金戒，十五坐床称达赖。
> 诸天为雨曼陀罗，万人合掌争膜拜。
> 花开结果自然成，佛说无情种不生。
> 只说出家堪悟道，谁知成佛更多情。
> 浮屠恩爱生三宿，肯向寒崖依枯木。

偶逢天上散花人，有时邀入维摩屋。
禅参欢喜日忘忧，秘戏宫中乐事稠。
僧院木鱼常比目，佛国莲花多并头。
犹嫌少小居深殿，人间佳丽无由见。
自辟篱门出后宫，微行夜绕拉萨遍。
行到拉萨卖酒家，当垆有女颜如花。
远山眉黛销魂极，不遇相如岂自嗟。
此际小姑方独处，何来公子甚豪华。
留髡一石莫辞醉，长夜欲阑星斗斜。
银河相望无多路，从今便许双星度。
浪作寻常侠少看，岂知身受君王顾。
柳梢月上订佳期，去时破晓来昏暮。
今日黄衣殿上人，昨宵有梦花间住。
花间梦醒眼朦胧，一路归来逐晓风。
悔不行空似天马，翻教踏雪比飞鸿。
踪迹分明留雪上，何人窥破秘密藏。
哗言昌邑果无行，上书请废劳丞相。
由来尊位等清尘，懒坐莲台转轮法。
还我本来真面目，依然天下有情人。
人言活佛能长活，争遣能仁遇不仁。
十载风流悲教主，一生恩怨误权臣。
剩有情歌六十章，可怜字字吐光芒。
写来旧日兜棉手，断尽拉萨士女肠。
国内伤心思故主，宫中何意立新王。
求君另自熏丹穴，觅佛居然在理塘。
相传幼主回銮日，侍从如云森警骅。
俱道法王自有真，今时达赖当年佛。
始知圣主多遗爱，能使人心为向背。

罗谎吞针岂诲淫，阿难戒体知无碍。
只今有客过拉萨，宫殿曾瞻布达拉。
遗像百年犹挂壁，像前拜倒拉萨娃。
买丝不绣阿底峡，有酒不酹宗喀巴。
劝君折取花千万，供养情天一喇嘛。

4 · 六世达赖仓央嘉措略传（曾缄）

六世达赖名洛桑晋仓央嘉措，康熙二十二年正月十六日生于西藏寞地，父曰吉祥持教，母曰自在天女。五世达赖阿旺洛桑脱缁未久而仓央嘉措诞生，时第巴桑杰专政，匿阿旺洛桑之丧，而阴奉仓央嘉措为六世。康熙三十六年圣祖仁皇帝有诏责问，第巴桑杰具以实对，始受敕坐床即达赖位。

仓央嘉措即长，仪容玮异，神彩秀发，赋性通脱，虽履僧王之位不事戒持，雅好狎邪，钟情少艾，后宫秘苑，时具幽欢，又易服微行，猎艳于拉萨城内。初犹自秘，于所居布达拉宫别为便门，躬掌锁钥，夜则从便门出，易名宕桑旺波，趋拉萨酒家与当垆女会，以为常，未晓潜归，宫中人无知之者。

一夕值大雪，归时遗履迹雪上，为执事僧所见，事以败露。诸不谦于第巴桑杰者，故疑所立达赖为伪，至是稔其无行，愈谮言非真达赖。会拉藏汗与第巴桑杰的却，以闻于朝：清圣祖下诏废之，仓央嘉措怡然弃其尊位，益纵情恣欲，无所讳饰，拉藏汗无如何诸蒙古王公先后戒谏之，不听。

康熙四十四年，拉藏汗以兵攻第巴桑杰杀之，召大寺喇嘛杂治仓央嘉措，诸喇嘛惟言仓央嘉措迷失菩提而已，无议罪意。拉藏汗无如何，乃上奏圣祖，以皇帝诏，槛送仓央嘉措北京，命心腹大臣率蒙古兵监其行，道经哲蚌寺，寺中喇嘛出不意，遂仓央嘉措。大臣引兵攻破寺，复获之。行至青海纳革雏喀间，遂发病死。世寿二十五岁，时康熙四十五年也。

仓央嘉措既走死，藏人深怜之。拉藏汗更立益西嘉措为新达赖，众不之信，而思仓央嘉措弥笃。迨七世达赖转生理塘之说传至拉萨，合于仓央嘉措诗中预言，藏人皆大欢喜，以为仓央嘉措再世，迎立之日，不期而会，瞻仰膜拜，盖十余万人。

仓央嘉措虽不检于行，然学瞻才高，在诸世达赖中最为杰出，故屡遭挫辱，犹为藏人爱戴。甚有目其淫乱为游戏三昧，谓仓央嘉措非女人伴宿，夜不成寐，而戒体清净，于彼女曾无染也。所著有色拉寺法令献茶倾赞，色拉遮院马头观音供养法及成就决，答南方人问马头观音供养法书，无生缬唎法，黄金穗故事，及笺启歌曲等，而歌曲流传至广，环拉萨数千里，家弦而户诵之，世称为六世达赖情歌。所言多男女之私，而倾扬佛法者时亦出，流水落花，美人香草，情辞悱丽，余韵欲流，于大雪中高吟一曲，将使万里寒光，融为暖气，芳菲灵异，诚有令人动魄惊心者也。

故仓央嘉措者，佛教之罪人，词坛之功臣，卫道者之所疾首，而言情者之所归命也。本极苦寒，人歆寂灭，千佛出世，不如一诗圣诞生。世有达人，必去彼取此。

民国十八年，余重至西康，网罗康藏文献，求所谓情歌者，久而未获，顷始从友人借得于道泉译本读之，于译敷以平话，余深病其不文，辄广为七言，施以润色，移译既竟，因刺取旧闻，略为此传，冠诸篇首，其有未逮，以俟知言君子。

5 · 金粟轩诗话 节选（南怀瑾）

现代语称人为感情的动物，确甚恰当。忘情方为太上，足见性情之际，最难调服。善于用情者，其唯圣人乎！古人云："不俗即仙骨，多情乃佛心。"此为大乘境界，非常人可知。然情之为用，非专指男女间事，如扩而充之，济物利人，方见情之大机大用也。人谓苏曼殊为出家菩萨，意其出家而又沉湎于男女爱情。实则曼殊非出家比丘，只是失意世途，窃方外戒条，冒名为游戏耳，且其诗文，据闻多经章太炎与柳亚子等改正而成今日之面目。然其意境仍只限于儿女痴情之小范围，不及西藏法王第六代达赖远矣！达赖六世，名仓央嘉措，自幼以转身灵童迎养入官，掌藏中政教大权，以法王而兼人王，可谓备极人间荣显矣。然其才华智慧，尤为历世达赖之冠，故其行径亦大有异于众者。曾因私出后宫，微服夜游拉萨酒家，结识一当垆女子，两情缱绻，韵事外传，事为权臣所悉，即引为废立奸谋之借口。时适清廷入关称帝之初，据奏即召其入京觐见，以便面质。仓央嘉措，即被裹胁来京。讵知行至青海裹圹时，不愿入京受辱，一笑入寂，时年方三十余岁也。或谓其私德有瑕疵之毁，但于法于政，皆无大过。观其从容解脱，又岂可以俗见论其道力哉！遗着有情歌六十六首，流传至今，为藏中文学之名作。藏中青年男女，每当朝昏夕阴，高歌一曲，可化高山之积雪，回大地春光矣。抗战时，国民政府蒙藏委员会委员曾缄，字子固，为译成中文七绝六十六首，载于民国二十八、九年间西康建设月刊。曾氏并仿长恨歌体，附有拉萨官词古风一篇。师谓昔日皆可记诵，今则不能全忆，屡欲觅其原什而不得，仅得数首，为余辈诵之，以作谈助。

仓央嘉措情歌诗云：

只恐多情捐梵行。入山又恐负倾城。
世间那得双全法。不负如来不负卿。

又：

入定修观法眼开。启求三宝降灵台。
观中诸圣何曾见。不请情人却自来。

又：

动时修止静修观。历历情人挂眼前。
肯把此心移学道。即生成佛有何难。

又：

美人不是母胎生。应是桃花树长成。
已恨桃花容易落。落花比汝尚多情。

又：

但曾相见便相知。相见何如不见时。
安得与君相诀绝。免教辛苦作相思。

又记忆其断句云：

临行只有钗头凤。莫向三叉路口言。

又断句云：

羽毛零乱不成衣，深悔苍鹰一怒非。

又：

　　自叹神通空具足。不能调伏枕边人。

又记曾缄拉萨宫词断句云：

　　拉萨高峙西极天，布拉宫内多金仙，黄教一花开五叶，第六僧王最少年。僧王生长窦湖里，父名吉祥母天女，侍臣迎养入深宫，当头玉佛金冠丽。窣地金沙璀璨红……诸天时雨曼陀罗，万人伏地争膜拜……只说出家堪悟道，谁知成佛更多情……由来尊位等轻尘，懒著田衣转法轮，还我本来真面目，依然天下有情人……买丝不绣阿底峡，有酒不酹宗喀巴。尽回大地花千万，供养情天一喇嘛。

　　曾氏拉萨宫词与译词之格调，均甚典雅，惜皆记忆不全，难得原诗而考订之。然较其他译藏文译经之词，优劣何啻天壤。即仓央嘉措之情诗，寓意亦往往超越普通情歌，不能作寻常香艳韵事视之。其自云：暗中私说与情人，落花比汝尚多情，及深悔苍鹰一怒非等句。指泄露其事之秘密者，乃出彼姝之口，故有此云云。藏俗民间传其故事，亦同此说也。师云：如仓央嘉措者，应是菩萨化身，所谓应以爱情身得度者，即现爱情身而为说法也耶？一笑！且曰：小子识之！应作如是观。是耶？非耶？

6·误传的仓央嘉措情诗（民间）

仿作一：

那一天，
我闭目在经殿香雾中，
蓦然听见，你颂经中的真言。

那一月，
我摇动所有的转经筒，
不为超度，只为触摸你的指尖。

那一年，
我磕长头匍匐在山路，
不为觐见，只为贴着你的温暖。

那一世，
我转山转水转佛塔啊，
不为修来生，只为途中与你相见。

说明：此诗题为《信徒》，始见于音乐人朱哲琴音乐作品《央金玛》。

作曲：何训田。作词：何训友、朱哲琴、陆忆敏、何训田。

仿作二：

第一最好不相见，如此便可不相恋。
第二最好不相知，如此便可不相思。
第三最好不相伴，如此便可不相欠。
第四最好不相惜，如此便可不相忆。
第五最好不相爱，如此便可不相弃。
第六最好不相对，如此便可不相会。
第七最好不相误，如此便可不相负。
第八最好不相许，如此便可不相续。
第九最好不相依，如此便可不相偎。
第十最好不相遇，如此便可不相聚。

但曾相见便相知，相见何如不见时。
安得与君相诀绝，免教生死作相思。

说明：此诗题为《十戒诗》，这首诗是杂糅于道泉先生和曾缄先生同一首诗的不同翻译，并且又自行发挥，创作出的仿作。前两句为于版，后两句为曾版，中间皆为附会之词。

仿作三：

你见，或者不见我，
我就在那里，
不喜，不悲。

你念，或者不念我，
情就在那里，
不来，不去。

你爱，或者不爱我，
爱就在那里，
不增，不减。

你跟，或者不跟我，
我的手就在那里，
不弃，不离。

来我怀里，或者，
让我住在你心里，
默然，相爱，
寂静，欢喜。

说明：此诗题为《班扎古鲁白玛的沉默》。载于《读者》2008 年
20 期，署名仓央嘉措。这首诗的原作者是扎西拉姆多多，讹传为仓
央嘉措所做，并非出自作者本意。

仿作四

在看得见你的地方，
我的眼睛和你在一起。
在看不见你的地方，
我的心和你在一起。

说明：网间流传这首短诗为仓央嘉措所作。最早在诗人刚杰·索木东的博客上出现。起初署名为仓央嘉措，后来不知何故仓央嘉措的署名被去掉。此诗出处不明，疑似仓央嘉措某首诗的另译。

仓央嘉措年谱

1642	五世达赖洛桑嘉措尊为为西藏政教领袖，时年25岁。
1652	五世达赖率数千人前往北京会见顺治帝。是年，北京建天桥，黄寺，作为五世达赖住所。
1679	桑杰嘉措被五世达赖委为西藏摄政第巴。
1682	五世达赖圆寂，他死亡的消息被隐藏了整整12年。
1683	仓央嘉措1岁。他于正月十六日生于山南错那门域，是日，天降异象，七日同升，黄柱照耀，预言为莲花生转世。其人原籍不丹，门巴族人。父亲是一个贫穷善良的红教教徒，就是莲花生大师所创立的宁玛派教徒。
1684	仓央嘉措2岁。他被秘密安置在巴桑寺，由拉萨派来的著名僧人教他学习佛法。
1688	是年起噶尔丹先吞并了河套地区，进而占领天山南北，有效控制了青海等地，后出兵攻打喀尔喀蒙古，直接威胁中原地区。
1689	仓央嘉措6岁。这年，仓央嘉措的父亲去世。
1690-1697	康熙三次御驾亲噶尔丹，噶尔丹兵败自杀，噶尔丹侄子策妄阿拉布坦继任。
1696	仓央嘉措14岁。此时，第巴公开仓央嘉措活佛身份，并向外界透露了五世达赖的死讯。
1697	仓央嘉措15岁。第巴向康熙具言五世达赖已死，灵童已找到。9月17日，五世班禅洛桑益西在浪卡子，给仓央嘉措授戒，法号为梵音海。同年10月25日，仓央嘉措至布达拉宫坐床，成为黄教法王。后至哲蚌寺刻苦学经三年。
1701	仓央嘉措19岁。拉藏汗等蒙古部落首领质疑仓央嘉措身份，不承认他是六世达赖。

1702	仓央嘉措 20 岁。在札什伦布寺拒绝受戒，向五世班禅要求还沙弥戒返俗，并拒受比丘戒。
1703	仓央嘉措 21 岁。因受拉藏汗等蛊惑，康熙派钦差去查验六世法体真假。
1705	仓央嘉措 23 岁。第巴与拉藏汗爆发冲突，第巴兵败被杀。
1706	仓央嘉措 24 岁。是年 5 月 17 日，仓央嘉措被押解京城，经哲蚌寺时被救，后在青海湖神秘遁走。

以下事迹据阿旺伦珠达吉所著《六世达赖喇嘛仓央嘉措秘传》

1707	仓央嘉措 25 岁。拉藏汗的私生子益西嘉措在拉萨立为六世达赖，从此统治了西藏十余年。康熙赐金印默认益西嘉措身份，印文为"敕赐第六世达赖喇嘛之印"。这枚金印与当年赐与仓央嘉措的"敕封"，差了一字。
1708	仓央嘉措 26 岁。7 月，理塘灵童格桑嘉措出世。仓央嘉措游康定，在峨眉山游十数日，康区瘟疫发作，染上天花。
1709	仓央嘉措 27 岁。仓央嘉措秘密回藏。
1711	仓央嘉措 29 岁。在达孜被囚，后逃脱。
1712	仓央嘉措 30 岁。游尼泊尔加德满都，瞻仰自在天男根。10 月，随国王去印度朝圣。
1713	仓央嘉措 31 岁。游印度。4 月，登灵鹫山，途遇白象，是为大吉之预。康熙册封第五世班禅洛桑益西为"班禅额尔德尼"。
1714	仓央嘉措 32 岁。在山南朗县的塔布寺，人称塔布大师，后转到青海。
1715	仓央嘉措 33 岁。再次返藏。此时，格桑嘉措在理塘寺出家。阿旺多匀济出世。
1716	仓央嘉措 34 岁。春，率拉萨木鹿寺 12 僧人至阿拉善旗，结识阿旺多尔济一家。

1717	仓央嘉措 35 岁。拉藏汗被准噶尔军队所杀，伪六世达赖被囚药王山寺内，7 年后死。
1718	仓央嘉措 36 岁。春，回阿拉善。
1719	仓央嘉措 37 岁。清朝平定准噶尔。
1720	9 月 15 日，仓央嘉措 38 岁。理塘灵童格桑嘉措坐床为达赖，康熙册封格桑嘉措为"弘法觉众第六世达赖喇嘛"。
1721	仓央嘉措 39 岁。龙王潭公园立康熙帝《平定西藏碑》。
1723	仓央嘉措 40 岁。青海丹增亲王叛乱，康熙帝派川陕总督年羹尧平叛。
1724	仓央嘉措 41 岁。雍正册封格桑嘉措为"西天大善自在佛掌管天下佛教知一切斡齐尔达赖喇嘛"。同年，他下令阿拉善旗民众迁居青海。
1727	雍正 5 年，仓央嘉措 45 岁。重建塔布寺（即石门寺）。
1730	仓央嘉措 48 岁。在兰州，为岳钟祺征准葛尔大军祝祷，作法七日。
1733	仓央嘉措 51 岁。夏季，破土动工修昭化寺。
1735	仓央嘉措 53 岁。自筹一万两纹银，派阿旺多匀济去藏区随班禅学经。
1736	乾隆元年，仓央嘉措 54 岁。自阿拉善迁青海湖揾尖勒，居 9 年。
1737	仓央嘉措 55 岁。五世班禅洛桑益西圆寂。
1738	仓央嘉措 56 岁。秋，阿旺多匀济回阿拉善。
1739	昭化寺迎请仓央嘉措就坐于八狮法座，主持法事五昼夜。
1743	仓央嘉措 61 岁。塔布寺建成，历时 16 年。
1745	仓央嘉措 63 岁。自青海湖揾尖勒回阿拉善，10 月底，染病。
1746	仓央嘉措 64 岁。5 月 8 日，在阿拉善旗承庆寺坐化，年 64 岁。
1747	仓央嘉措肉身被移到昭化寺高尔拉木湖水边立塔供奉。

1751	清朝下令由格桑嘉措掌管西藏地方政权。政教合一政权开始。
1756	开始建造广宗寺（南寺），并将昭化寺全盘搬至现广宗寺寺址。
1757	弟子阿旺多尔济写成《秘传》，七世达赖圆寂。
1760	清廷为南寺赐名"广宗寺"。
1779	六世班禅自西藏去热河贺乾隆七十大寿，11月病死于北京。
1783	乾隆帝封强白嘉措为八世达赖。
1908	十三世达赖喇嘛图旦嘉措入京，瞻仰五台山观音洞。
1930	于道泉汉英译本出版。
1938	曾缄创作《布达拉宫辞》。
1981	民族出版社出版《仓央嘉措情歌及秘传》。南寺僧人在原寺址举行夏季祈愿法会，把精心收藏的六世达赖骨灰重新造塔供奉。
1982	西藏人民出版社出版《仓央嘉措及其情歌研究》。
2003	中国藏学出版社出版《雪域诗佛》。
2003	西藏人民出版社出版《六世达赖仓央嘉措情歌及秘史》
2010	云南人民出版社出版《世间最美的情郎：六世达赖仓央嘉措的情与诗》。

图书在版编目（CIP）数据

世间最美的情郎：六世达赖仓央嘉措的情与诗 / 王臣著 . —昆明：
云南人民出版社，2010.10

ISBN:978-7-222-06868-1

I. ①世… II. ①王… III. ①藏族—诗歌—文学欣赏—中国—清代
IV. ① I207.22

中国版本图书馆 CIP 数据核字（2010）第 194360 号

世间最美的情郎：六世达赖仓央嘉措的情与诗

著　　者	王臣	
责任编辑	朱海涛　王绍来	
特约监制	张进步	
策划编辑	刘格林　张晓星	
装帧设计	*typo*_design	
责任印刷	东莞新丰印刷有限公司	
出　　版	云南出版集团公司　云南人民出版社	
发　　行	云南人民出版社	
地　　址	昆明市环城西路 609 号	
邮　　编	650034	
网　　址	www.ynpph.com.cn	
E－mail	rmszbs@public.km.yn.cn	
开　　本	880×1230mm　1/32	
印　　张	8.75	
字　　数	180 千字	
版　　次	2010 年 11 月第 1 版第 1 次印刷	
书　　号	ISBN 978-7-222-06868-1	
定　　价	32.80 元